Three Papers of W.R.Bion

クリス・モーソン 編
福本修 訳

岩崎学術出版社

Three Papers of W.R. Bion
Edited by Chris Mawson

『W・R・ビオンの三論文』

『W・R・ビオンの三論文』は、未発表の論文二編と、以前『W・R・ビオン全集』（二〇一四）にのみ収録されていた論文一編を取り上げている。ビオンの直截性、明快さそして激しさによって特徴づけられた三篇は、彼の後期の思考の重要な側面を例示する。またそこには、ビオンが鍵となるアイデアを新鮮な文脈で用いているのが見られ、既に彼の理論的・臨床的概念に精通している読者にとって、新たな角度からそれらを理解することができる機会となるだろう。

最初の論文「記憶と欲望」は、ビオンの最も重要かつ臨床に関連したアイデアの一つを明確にしている。それは、精神分析的直観に開かれているようにしておくために、私たちの記憶と欲望を構成する要素を一時的に停止することの価値である。第二論文「負の能力」は、再定式化されて彼の『注意と解釈』（一九七〇）の最後の章となった。元の論文をここに出版することによって、一九七〇年の最終章および「記憶と欲望」との三者間の、行なう価値のある興味深い比較が可能となる。第三論文「崩壊（ブレイクアップ）、破綻（ブレイクダウン）、突破（ブレイクスルー）」は、一九七六年にロサンゼルスで原稿なしで発表され、録音された講演の記録がここで初めて出版される。それは個人的なものと理論的なものの複雑な絡み合いを示しており、ビオンが「人為によらない『自然法則』に従う乱流（turbulence）」と呼んだものの研究への、魅力的な貢献を提供している。

ウィルフレッド・R・ビオンの著作は、増加し拡大している読者層によって、読まれ再読され続けている。ここに発表された三論文は、現代の臨床への関連性があり、それぞれが精神分析の仕事と思考の基底にある哲学的基礎と関わっている。

クリス・モーソンは、英国精神分析協会のトレーニング・スーパーヴァイジング・アナリスト（training and supervising analyst）であり、精神分析者として個人開業をしている。彼は編集顧問のフランチェスカ・ビオンとともに、『W・R・ビオン全集』（二〇一四）の編者である。

目次

個々の人でさえ、新しい考えに場所を提供したりそれを発達させたりすることを嫌います。なぜならそれをすると、前の時にきちんとするべきだったと感じるのを、避けられないからです。自分が間違っていたという避けられない発見は、発見するのが恐ろしいものです。また、それには、自分自身の考えが変わるならば、自分がこれまでに解決してきたあらゆる問題がまた始まるという感覚が伴います。なぜならそれらには、自分自身ではないものが自己自身と持つ関係があるからです。これがどれほど混乱させるものになるか、お分かりになるでしょう。

W・R・ビオン「崩壊(ブレイクアップ)、破綻(ブレイクダウン)、突破(ブレイクスルー)」(一九七五)

〔本書六四頁〕

序言

ロナルド・ブリトン

私はこれらの三つの論文の出版は、さいわいにも増えつつあるウィルフレッド・ビオンの著作の真剣な研究者にとって、また、より大きな集団つまり自分の臨床の仕事の中で彼の考えに関心を抱き、おそらく知らないうちにさえ影響を受けた人たちにとって、かなり重要なことだと思う。負の能力・容器と内容・選択された事実のようないくつかの言い回しは、非常によく知られたものになったが、それらが中途半端に理解された決まり文句になってしまう危険から救い出してそれが何のことなのかを本当に理解するためには、私たちはそれらを、文脈の中で見る必要がある。それは、クリス・モーソンが『W・R・ビオン全集』を見事に編集してくれたおかげで今や以前よりも可能であり、彼がこれらの三篇を加えるという決断をしたことを、喜んでいる。そのうち二つはこれまで公表されたことがなく、一つは『全集』にのみ収録されている。最初の二つは学術集会での論文の録音に基づいたものであり、そこから私たちはビオンが、自分の新たな大仕事に加わるように同僚たちを説得しようとしていた時の様子を感じられる――それは、精神分析の諸相互作用をより正確に表現するために臨床実践を純化し、それらを過剰評価された理論や古めかしい前提から解放する試みである。ビオンは、精神分析的な実践が人間の心を探究する手段であることをはっきりと確信しており、彼はその探究を、哲学的な含みを持つ新しい二十世紀の自然科学の文脈の中で行なうことを切望していた。

彼の新しい企図は、一九五九年に始まったと思われるが、自然科学の中で最も基本的なものである物理学における根本的な諸変化に照らして、これを行なうことだった。フロイトは精神分析の最初から、自分の理論化を物理学に基礎づけたかったが、当時彼が知っていた科学は、古典的なニュートン物理学だった。チョムスキー以後の脳に基づいた言語学と同様に、普遍文法はスティーブン・ピンカーが示唆したように、物理学に基づくが、それは誤った物理学である。私たちの脳に基づいた心は、私たちの小さな惑星の上で、比較的遅い動きで進化してきた。だが新たに発達した、原子を貫き宇宙を探索する能力のおかげで、物質的現実についての私たちの理解は、特に量子科学者とアインシュタインの相対性理論の数学的インスピレーションによって変えられている。ビオンはこのことに気づいて、精神分析を新しい科学的アプローチと提携させたいと思った。

ハイゼンベルクは、自らの概念上の発見である「不確定性原理」を明快に説明し、物質世界の科学的・数学的な理解においては、古典論理が量子論理に取って代わられることを示している。彼は、日常生活では古典論理で十分だが、素粒子や宇宙規模ではそうではない、と言う。ハイゼンベルクはこのことを、一九五八年に書いた。私たちは今、コンピュータや携帯電話の中のトランジスタや身近なレーザーが量子物理学に基づいており、自動車の人工衛星ナビがアインシュタインの相対性理論に基づいて日々調整されている世界で毎日を送っている。私は、このような革新的物理学に基づいた機械の使用が、私たちの住む世界に対する自然な信念を立ち退かせたのかは、疑わしいと思う。
ビオンはブレイスウェイトの『科学的説明：科学における理論・蓋然性・法則の機能の研究』を一九五九年に、つまり彼が「結合作用への攻撃」を書いていた時に読んでいたが、ブレイスウェイトの影響が非常に歴然とするのは、一九六二年の『経験から学ぶこと』から始まる彼のその後の著作においてである。ブレイスウェイトを読むことについてのビオンの見解は、分析的経験の報告において発達しつつある彼の厳格さについて、多くを語っている。

私は〔ここにある〈科学的方法〉についての〕この本を読み、なんと恐ろしくたくさんの戯言をこれまで読んできたのだろうと思わずにはいられません。私にはいつも、ある程度の、多すぎると思いますが、騙されやすさがあって、そのせいで、〔むしろない方が良い〕たくさんの戯言〔――本の中だけではないと思います――〕を鵜呑みにしています。私は自分が、その腐敗の洪水にさらに多くのものを加えないという自信をもっと強く持てればいいのにと思いますが、もちろん自信を感じていたなら、おそらく私は必要な自己批判に欠けることでしょう。

ビオン「フランチェスカへの手紙　一九五九年二月三日」

『我が罪を唱えさせよ　人生のもう一つの部分』（ビオン、一九八五、一二三―四頁）

〔圭室元子訳、福村出版、近刊〕

ビオンがブレイスウェイトから受け継いだのは彼の、科学理論とは特定の観察可能な結果をもたらす一般的な演繹体系であり、それは実践の中でしか見ることができない、という考えだった。SDS（科学的演繹体系 Scientific Deductive System）自体は、数学的計算法の形を採っていなければならない。一般性の測定可能な結果は、特定の例によってのみ検証されることができる。特定の例は、想定に反することでSDSを否定はできても証明は決してできない。SDSは、理論物理学の数学のように、例証する個別例を必要とせずに、これらの抽象物を公式として扱う手段を提供する。特定の経験を一般的な仮説に結びつける方法を常に考えていたビオンが、ブレイスウェイトに惹かれているのを見て取ることができる。それは彼が「グリッド」を作るきっかけとなった。そこで彼は独創的にもそれを逆さまにして、その結果基本データが始めに来て、次にそのデータがモデルへと組織化されて今度はいつか認識不可能な時点に科学的演繹体系になっている。これがブレイスウェイトによる科学的概念形成についての説明の核心である。

> 一般性を増す仮説が上昇するにつれて、仮説が関係する概念は、直接観察可能な手掛かりの特性ではなくなり、代わりに「理論的」概念――原子、電子、力の場、遺伝子、無意識的心的過程――となり、それらは複雑な論理的関係によって、観察できる諸事実と結びついている。
>
> ブレイスウェイト、一九六八、ix頁

彼が一九五八年にブレイスウェイトを読んだことは、精神分析者たちに、彼らの理論化を経験的事象の観察から分類可能な現象学を通って、定義的科学的仮説（ＳＤＳ）へと動くことを勧めようとすることに結実した。ＳＤＳとは、或る種類のものすべてを包含する普遍命題である。

しかしながらビオンは、ポアンカレを読んで気を取り直すことができた。ポアンカレは、科学は無数にある**あらゆる**事実から出発するのではなく、直観的に選択された事実から出発するのであり、それは核のように、すでに知られている古い事実と新しい事実の網を形成する、と指摘した。私はこれから、これらの有機的に関連づけられた信念体系を叙述するために、モデルという用語を使うことにする。

ビオンはハイゼンベルクを読み、確実性が物理学の中心において確率に置き換えられていることを理解した。つまり、電子は予測可能な場所に現れるという確実性とともに、事前に決定された道を進むのではなく、そうなるという確率が非常に高いということである。また、ビオンは理論物理学と精神分析的理論の間の類似性も見て、理論とは仮説についての仮説についての仮説であると述べた。これは、言語の異なる諸水準について書いたハイゼンベルクの言い換えである。

一つの水準は、例えば原子や電子などの対象を指す。第二の水準は、対象についての言明についての言明を指す。第三の水準は、対象についての言明についての言明などなどを指すかもしれない。

ハイゼンベルク、一九五八、一二五頁

ハイゼンベルクの考えの中で、当時のビオンにとっても今の私たちにとっても、おそらく最も不穏なものは、ニュートン物理学を範例とする古典論理の転覆に関係している。古典的論理では、あるもの（a）がここにあってそこにはないならば、「aがここにあることは真である」という言明は、「aがここにないことは真ではない」という言明と等しい。量子論理学の場合、そうはならない。数学的用語では、これらの言明は意味をなさない（つまり、a＋bはb＋aと等しくない）。電子は、少しここにありまた少しあそこにあるということが可能である。なぜなら、それは単に潜在的であり、何かと相互作用するまでは本当に実在はしていないからである。量子的思考が私たちを前進させたのは、物理的世界は物質の断片ではなく相互作用から構成されているという認識である。これは、量子数学の世界やハドロン衝突型加速器のような素粒子の実験室ではまことに結構なことだが、私たちは日常生活の中では、そのように考えないし、おそらく考えられないだろう。

このことは私たちを、ビオンがそうだったように、十七世紀のデビッド・ヒュームの哲学書『人間の理解に関する探究』に遡らせる。ビオンはヒュームから「恒常的に連接された」現象という概念を取り出し、それを「原因と結果」という推定上の概念の代わりとした。ヒュームの厳格な論理は多くの哲学者によって、科学を否定すると考えられていたが、二十世紀の物理学によってその汚名は晴らされている。しかしヒュームは、このような論理的に厳密で、剝き出しにされ概念上禁欲的な精神世界に生きることは、情動的に不可能だということにも気づいていた。だから彼は、友人たちとの社交の場に戻ったときに、自分の自然で正当化されていない信念を喜んで取り戻した。厳密な推論が隠れた想定やより古い価値によって汚染されることなく実践されている、ヒュームの哲学的研究は、ビオンがこれらの論文で擁護した、精神分析的面接室に多少似ている。

この寄り道から科学的方法あるいは私たちが科学的実践と呼べるようなものへと続く決意が、本書の論文に導いたものである。ビオンにとって精神分析的実践は、彼の師で有名な外科医であり『平和と戦争における群衆本能 Instincts of the Herd in Peace and War』の著者ウィルフレッド・トロッターが、実用的技術と呼んだものである。それは彼が、医学や法律・建築・農業や大工などの職業に対して用いた言葉である。すなわち、学ぶ手続きや徒弟制を伴う、技能に満ちた活動である。実践と理論の間の相互作用は、ビオンの関心事の一つである。最終的に彼は、ブレイスウェイトとハイゼンベルクに同意する。すなわち、経験的な観察を受け入れるならば、それは科学である、たとえ——量子物理学におけるように——理論的（数学的）発展が非常に独創的で精巧であり、確認は先のことになるかもしれなくても。物理学者は、それが経験的観察で始まって終わり、常に経験的所見の影響を受けやすいことに、真っ先に同意するだろう。精神分析では、ビオンが主張するように、私たちはD（安心感）からPs（忍耐）へと移動し、再び戻る。私は、各段階がより多くの情報を含む、Ps(n)からD(n)へ、PS(n+1)へ、D(n+1)へ……という継起における、D（確信）からPS（不確実性）へと呼ぶ方を好む。知識は認識の危機、すなわちDからPSを通じて発展する。ビオンはそれを破局的変化と呼んだが、それは一九六六年の学術集会で発表された別の論文のタイトルである。

これらの論文の三つ目は十年後に書かれており、そのトーンはかなり異なっている。このトーンは、フロイトの最後の論文の一つである「終わりある分析と終わりのない分析」のものに似ている。それは回顧的で、錯覚に囚われてはいないが幻滅しておらず、悲観的だが想像力に富んで思弁的である。

しかしながら、妄信的に保持してきた理論や治癒へのどんな願望も捨てるように強く勧められてきた私たち実践者にとって、ビオンが一九六五年の「記憶と欲望」論文で次のように述べていることは励みとなる。

> 分析の実際の進歩に関して言えば、私はそれが非常に驚くべきことだと思っています――経験が分析的状況で進展する中で、それを何度も繰り返し認識できることが。分析の通常の諸理論が何度も繰り返し――どの学派であれ、心の私的な好みがどうであれ、あなたが持ち続けるかもしれない理論がどれほど簡単に――面接室で起こっていることを、あなた方が知っている諸理論のどれかの、実際上の近似値だと認められるようになることかと思いました。それはあなた方が、精神分析や精神分析の諸理論についていかに少ししか知らないと感じていようと関係がありません。人がどれほどのことを確かに知っているか、そしてどれほど頻繁に、精神分析文献の陳腐な文句である既に発見されている諸理論が、面接室で起こっていることのためにいわば否応なく視界に浮かんでくるかは、驚くべきです。
>
> 〔本書一一頁〕

言い換えれば、精神分析的諸理論の蓄積の多くが、どれほど真実であるかが明らかになるのは、驚くべきことである。これは私たちの多くが保証することができ、それはハイゼンベルクが物理学について書いたことのほとんど言い換えである。それは「破局的変化」の時代に、分析者たちにも科学者たちにも確信（faith）を与えるものである。確信は、それが今・ここでは精神分析的に意味をなさないかもしれないが、いつか・どこかでそうなるだろう、過去にそうだったように、と告げる。

序　論

クリス・モーソン

本巻に収録されている三つの論文のうち、二つは未発表であり、一つは『W・R・ビオン全集 The Complete Works of W. R. Bion』（二〇一四）にのみ掲載されている。どの論文も、ビオンの直截性、明快さ、激しさが特徴であり、ビオンの後期の思考の重要な側面を反映している。これらの論文には、以前によく研究されたアイデアが含まれているように見える場合でも、新鮮な文脈で書かれているため、すでに彼の理論的・臨床的な概念に精通している読者は、新たな角度からそれらを理解したり、場合によっては自分の経験と照合させたりできるだろう。

最初の論文「記憶と欲望」は、彼が一九六五年六月十六日（水）に英国精神分析協会の学術集会で、原稿なしで発表したビオンの口頭版から、編集者が書き起こしたものである。彼の非常に重要で臨床的な関連性のあるアイデアの一つを明確化することに大きく貢献した本論文は、最初一九六七年秋に『精神分析フォーラム』誌に掲載された二ページの「記憶と欲望についての覚書」よりも、その記述は分かりやすく、凝縮されていない。

ビオンはしばしば発表の前置きに、書かれた論文の形で回覧しなかったことを謝罪した。実際、彼はそうしないことを好んでいたし、いくつかの場合、彼はテープレコーダーに自分の考えを話すことによって講演の準備をしていたが、彼の考えの提示は原稿なしで行なわれ、書かれた論文は全くやって来ないことが非常に多かった。最終的に現れたとき、それは通常、彼の口頭版との密接な関係はなかった。本書の第二論文「負の能力」は、再定式化されて彼の一九七〇年の本『注意と解釈：精神分析と集団における洞察への科学的接近方法』の最終章となった。それには「達成のための序曲か代理物か」という表題が付いていた。ここで「負の能力」を刊行することによって、その一九七〇年版および本書冒頭の一九六五年の「記憶と欲望」論文との、興味深くやりがいのある比較が可能となっている。

三番目の論文「崩壊（ブレイクアップ）、破綻（ブレイクダウン）、突破（ブレイクスルー）」は、一九七五年十二月九日にロサンゼルスの、〈組織的リーダーシップと権威のための研究センター〉（SCOLA）のメンバーを対象に、発表用原稿で発表された。『ビオン全集』の準備に際して、録音された講演の、荒削りの書き起こしは、出版に適しているかどうかという点で、望ましくないように見え、フランチェスカ・ビオンと協議した結果、それは全集には含めないという決定がなされた。当時、私たち二人には、推測が多過ぎる編集作業を必要とするだろうと感じられた。しかしながら、十年を経て、彼の出版された著作および未出版の著作の全体を編集してきた経験の蓄積に照らして、また、私がビオンの個人的なものと理論的なものの複雑な絡み合いの意義として理解するようになったもののために、この論文を再検討するのは良い考えと思われた。多くの分析者たちが、この論文は執筆されたと信じるようになっていて、中にはそれが実在すると書く者もいた。ビオンは一九七七年七月十六日にイタリアで、次のように述べている。

> 始められた情動的乱流には、何らかの結果があります。なぜなら、私たちが通常あまり注意を払わず、気づいていないあらゆる種類の要素が、かき混ぜられて表面に投げ出されるからです。それらはしばしば目に付くので、私たちは名づけます――私はそれを、「崩壊（ブレイクアップ）、破綻（ブレイクダウン）、突破（ブレイクスルー）」についての講演で要約しようとしました。
>
> 〈W・R・ビオン『イタリアン・セミナー』（二〇〇五）八〇頁〉

この引用は、「崩壊（ブレイクアップ）、破綻（ブレイクダウン）、突破（ブレイクスルー）」論文を、見事に簡潔に要約している。情動的乱流は、ビオンの最も重要な主題の一つである。彼は『未来の回想録』（一九七七、Ⅱ、一頁）の中でそれを、「人為的な『自然法則』に従わない乱流」と呼んだ。本書の第三論文は、それの研究に寄与する魅力的な論考である。

第一論文

1 記憶と欲望（一）

W・R・ビオン　一九六五

私が今晩行ないたいことは、科学論文とはかなり異なるもので、私が興味を持っている主題についての議論です。あなた方もそれに興味が湧くことを願っています。最初に申し上げたい点は、これが、まだ起きていない出来事についての論文である、ということです。私の見解は、患者に明日あるいは明後日に会う分析者たちにとりわけ向けられており、私が言っていることではなく、明日のセッションに、つまり特定の患者と会おうとしている明日のセッションに、焦点を当てていただくのが有益であるだろうと思います。

さて、論文の表題に注意を向けましょう。私はこれらの二つの用語――〈記憶〉と〈欲望〉――を、他のところで「恒常的連接を拘束する用語」と呼んだものとして使うつもりです。恒常的連接によって私が意味するのは、ある状況下では、幾つかの要素が恒常的に連接されて現れ続けることに、気づくかもしれないということです。あなた方は例えば、毛皮、爪、ひげがあると考えて——それら全部を「ネコ」と言って束ねます。それの目的は、一度あなた方がこの恒常的連接を拘束したら、それからはこの用語によって意味するものを、表面的にでも深くにでも自分が選ぶままに調べ始められるということです。それは通常の見解とは、かなり異なります——抽象について哲学的に考えられた通常のさまざまな見解についての、通常の見解とは。私は、あなた方が未知のものから始めること、恒常的連接に注意すること、それを事実上無意味な用語で拘束すること、そしてそれから、あなた方がそうしたければ、残りの人生を掛けてその用語で何を意味するのかの探究に進むことを、本当に提案しているのです。

最初の用語、〈記憶〉です。私がそれによって拘束したい恒常的連接はおそらく、まさに私たちみなが通常の会話の中でその用語によって理解しているものです。それは、フロイトが「精神機能の二原理」についての論文の中で、〈表記〉とそれの記憶との関係について語るときに表している考えも含んでいると言えるかもしれません。[二]

それは、私たちが科学論文や他の場所で見たことのある事例について話したり、起こったことの説明と見なすものを述べたりするときに、通常意味することにも関係しています。それはおそらく、私たちが専門的な仕事のさまざまな時期に、書き留めようとする類のものでもあります——それは私たちが、セッション中に起きたことを知ったり思い出したりできるように、それからそれについて報告したりそうした覚え書きを参照したりなどなどが、できるようにするためです。これが大まかに言えば、私が記憶という用語を使うことによって意味していることです。

同様に、欲望に関しても――これもまた、私たちのほとんどが通常の会話の中で知っている意味ですが――私はそれによって、いわばかなり積極的に欲しがるもの、人が持つことを欲するものを意味しています。これには記憶に類似したところがありますが、それは記憶について、人には自分が所有したいと思うさまざまなものを覚えている傾向があり、この意味で記憶自体が、非常にしばしば、あたかも容器であるかのように使われ、人は欲望するそれらの対象を、その容器の中に蓄えます。

私は〈欲望〉という用語に、フロイトが願望充足〔岩波版訳では欲望成就〕として述べているものと、夢の中での願望の表出も含めたいと思います。それは欲望に類似しています。私たちがこの問題をさらに掘り下げるとき、そして今私は、具体的に私がこれらの用語をどう使うか（これはすべて、私が話そうとしていることの定義ということになっています）話していますが、私が関心を持っている要素は、実際には、感覚的イメージです。つまり、欲望も記憶も、感覚的経験の背景に由来する用語で語られています。例えばここには、触ったり感じたり匂いを嗅いだりできるものが、輪郭や形等々があると感じられるものがあります。これらがこの種の用語で表出され保存されているという事実は、それらが五感の原始的背景と、そして快と苦痛の原理が支配的な発達の段階に、非常に密接に関連していることを意味します。その結果、これらのことが記憶されたり欲望されたりする用語は、感覚的に知覚できて、苦痛をもたらすか快いと見なされうる対象に、適しているということです。したがって、その**有効範囲**は比較的限定されています。

さて、私はこれが記憶の唯一の意味ではないことを、承知しています。私はそれにいつも制限をかけようとしていますので、それは私が話したいことにも当てはまるはずですが、完全を期するために、数式でさえ記憶を表出したり保存したりする方法として使用できると言えるという事実に、私たちは注目してよいと思います。しかしながら私は、臨床の仕事ということになると――あの明日のセッションのことになると――記憶について考えるとき、数学用語や似たようなもので考えようとは思わないと思います。そのための用語は、ほぼ確実に原始的な類の、感覚的経験を表出するのに適したものでしょう。それは痛みや快に関連していると感じられる経験を表出するのに、適しているでしょう。

他の諸要素については、簡単に触れたいと思いますが、私が作成したグリッドから見て考えたことがあります。その一つの軸は、分類しようとしている特定の要素の、いわば生成段階を示しており、もう一つの水平軸は、その要素の用いられ方を表しています。高度に発達した定式化がありうることは、きわめて明白です。すなわち、思考・理論・観念そして私が述べたように、数学的定式化でさえありえます。それらは、高度に洗練された仕方で使うことが可能です。既に述べた理由から、私はそれには関心を向けません――なぜなら、私が関心を持っているのは、私たちが通常自分たちの症例について考える際の用語だからです。

ここで私はおそらく、「臨床報告」と呼ばれるものを私がいつも疑ってきたことを、明確にしなければなりません。私はそれらが結局は、起きたことを翻案したものに過ぎないと感じてきました。つまりそれらは、現実の経験だったものの変形物です。私たちのほとんどは、さまざまな理由から臨床記述に批判的です。私は起きることの臨床報告をする振りさえ、行なう気がますます薄れています。なぜなら、たとえ複雑な状況の出来事を単純化することにのみ関わっていても、歪曲は本当にぞっとするものだからです。それでもやはり、私たちは分析者として知っています――そして経験が積み重なれば積み重なるほど、私たちは確信すると思います――私たちが本当に**何か**を扱っていることを。そして私たちはどれほど懐疑的であっても、精神分析の経験が本当に情動的な経験であり、それが本当に実在していることを知っています、たとえ私たちは何が起こるのかについて、決して知ることがないか、おおよそ正しいくらいの記述を与える立場にあるとしても。この理由から私は、どんな臨床報告も本来、絵画的表象の類か、言って見れば感覚的表象として考えることが、非常に有用であると考えています（なぜなら、私は分析的状況で起こることを考えているからです）――私はその状況を視覚的イメージに変形し、さらには、私たちがよく知っているような言語的定式化へと変形します。これらの変形は、洗練化の程度を増していく種類のものですが、最も理解しやすい――最も把握しやすい――ものであり、それゆえに、「例を挙げてください」、「これを例証できますか」、「これと一致する臨床報告を挙げてください」としばしば聞かれる理由です。それは、視覚的提示やその視覚的提示の言語化を把握できる方が、はるかに簡単だからです。

さて、そのような定式化には、伝達可能性において得るものがある一方で、正確さの損失がありますー―私が挙げた諸理由からです。すなわち、これを記述するために感覚的な背景に由来する用語を使用しており、私が今夜気に掛けていないけれども、私たち自身の分析の経験を通して私たち皆に知られている、他の諸々の理由があります。
私の論点は、私たち皆が知っていて、分析的な仕事の過程で間違いようもなく確信されると私たちの感じるこの現実が、実際には適切に表出できないものであるということです。なぜなら、例えば不安状態を取り上げると、私たちの多くは、不安に遭遇するときにそれを認識できることを予想するでしょうが[三]、それを嗅ぎ分けることはできず、輪郭がなく、触れることはできない、等々だからです。私たちが起きていることを表象――通常使っている用語で――**できる**ときには、相当な展開が起きています。その出来事自体――物自体、不安自体――が、「不安」のような言葉を使う頃には、非常に際立った仕方で変形されてしまっています。

ここで私が主張したいのは、言葉でのどんな記述も私たちがするどんな覚え書きも、実質的にどんな定式化も、実際には歪曲であるということです。私は今、病理的な状態について話しているのではありません。私はこの主題について、精神病理学の観点や患者の観点から見た時に現れるものとして話しているのではありません。私はそれを単に、明日会う患者がいる私たち一人一人の観点から考えています。ですから私は、こうした問いのいずれにも精神病理的な現れとして関心を持ってはいません、なぜなら私はこの点について、私たちみな意見が一致していると思うからです。つまり、少なくとも私たちの社会では、人々は分析を受けるべきだということが、そして、私たちはこの問題に対処するために、人々が分析を受けるべきだと主張することによるよりももっと良い仕方を、私たちが知らないということが、非常に重要と考えられています。

私がここで関心を持っているのは、はるかに意識的で意識の制御下にあるものです。私は、明日のセッションに備えて用意するために何をすべきかという問題には、関心がありません。

練習中ということがありうることは、他の領域ではよく知られています。些細な例を挙げると、誰かがスカッシュやテニスをしているならば、その人たちにゴルフのような静止した球を打つゲームをするべきだと言うのは、当を得ているとは感じられません。同様に、私が提案しているのは、他に、つまり分析などで扱われる問題に加えて、あなたが精神分析者であり、明日会う患者がいるならば、例の精神病理の問題――分析等々によって扱われる諸問題――以外に、何が望ましい状態であるかについての考察があるべきだと示唆しています。練習をし続けるのには、どうすることができるでしょうか。

ここで私はみなさんに、時折顔を出す慣習的な見方を思い起こしていただきたく思います。そこには、分析において何が起きるかを記憶することが重要だと感じる傾向があります。そして記録する何らかの方法を見出すことが重要だと感じる傾向です――メモを取ったり、録音機を使ったり、などなど――そして、状況が深刻になればなるほど、どの患者についても不安の原因が増して、その患者の分析で今日起きていること、昨日起きたこと、などなどを思い出すことができることが、ますます重要に感じられます。

私が提出したい見方とは、この見方が完全に間違っているということです。そしてただ間違っているばかりではなく、分析の仕事にとって積極的に有害だということです。欲望に関しては、こんな考え方を含めたいと思います。「セッションが終わるとどんなにいいだろう」や「夏が来るとどんなにいいだろう」――その種のあらゆる考えです、そこに含まれるのは――これが重要な点ですが――「患者を治せたらどんなにいいだろう」というものです。

ご存知のように、分析の目的とは何かに関しては、非常に多くの議論があります。私は、実際には、**分析をしている**分析者にとっては、非常に興味深いものではあっても、それは間違った囚われだと思います。私は、患者を治したいという欲望は、面接室のどこにも存在すべきではないと考えます。分析者の気質や哲学的生活の中でそれがどのような場所を占めていようと。なぜなら私の意見では、患者やあなた自身が言ったことを思い出そうとしたり患者を治したいと思ったり、その他何であれ欲望を抱いたりすることほど、あなたの判断力を誤らせるものはないからです。私の経験では、患者が言ったことを思い出したいという願望や、患者を治したいというどんな欲望もほぼいつも、いくつかの特定の感情を寄せ付けずに心の中から遠ざけようとしている状況や定式化の中に、決まって顔を出すように思われます。

要点は、あの非常に優秀な（と言えるかもしれない）精神分析者たちによって明確にされています――精神病患者は、分析者と自分自身の間の結びつきを切断したいと思うときに、分析者を刺激して何かを思い出させるために、自分の最善を尽くすでしょう――あなた方は、喚起的な言葉の迸りを受け取るでしょう――そして彼は、分析者の中に欲望を掻き立てるために、最善を尽くすでしょう――たとえ、彼を追い払いたいという欲望に過ぎなくても。これは、そのどちらの刺激でも、事実上、分析者の判断力を破壊するからです。患者が彼の目的に成功すれば、あなた方の判断力は消えます。したがって――明日のセッションのことに戻ると――私が言いたいのは、セッションの準備のために、患者についてのいかなる記憶をも、そして患者の治癒に関するいかなる目的や野心をも、放逐することに時間を費やすべきだということです。これによって私が言いたいのは、忘れるのが良いということではありません――それは思い出すのと同じほど、弊害があります。私はそれを、積極的な修練である何かだと考えています。それは非常に難しいと分かるようになるものであり、いかに本来ありそうにないかは、少し考えてみれば理解するでしょう。しかし、私たちがあるがまま――人間――である限り、私たちは欲望を抱き、記憶を持つでしょう。私が提出したい見方は、分析者としての私たちの困難は、私たちがとても記憶力が悪いとか、患者たちを治そうとする欲望が足りないということではなく、逆に、これらの記憶の侵襲的に強力な性質にあるということであり、あなた方がやがて実感するように、それはフロイト自身が分析における記憶の突出について述べた見方と、よく一致します。

次に私が提案しているのは、努力が必要とされ、それは実際の修練であり達成が難しいことです。それは単に、自分が忘れたという事実に満足するだけでは、達成できません――それでは不十分です。それは、物事を思い出す習慣から抜け出そうとすることであり、**あなた方が主に自分の仕事に従事している間**、何かを欲望したり望んだりする習慣から抜け出そうとすることです――私はこれについての見方を、人生の哲学や何かとして表明はしていません。それは実際の規則を公布する試みに過ぎません――精神分析の訓練のための規則を作ることができるかのように。これは、私が作りたいと思うような規則です。私はもう一度、それが私たちみなが慣れている見方――私たちが非常に簡単に戻ってしまう見方――とは、非常に異なることを強調したいと思います。状況が危機に瀕すれば瀕するほど、私たちは何かしらのものを、もっと思い出そうとします、たとえそれが一つの適合する理論に過ぎなくても――私が望ましいと考えることとは正反対です。

このことの結果は、私が語ることができる限りでは、また私自身が通じている限りでは、独特のものです。私がそれらを記述しようとしても、どこまで進むことができるかわかりません。しかし、それについての事情の一つは、はっきりと見るためには、人は本当にほとんど盲目になる必要があるということです、比喩的にも文字通りにも。こう言ってよければ、それは本当に、心の中に何もないという能動的な欠如のようなもので、照らしたい箇所(四)が暗ければ暗いほど、あなたがもっと暗くなければなりません――それを見るためには、あらゆる光を遮断しなければなりません。そうすることによってのみ、現実の対象であるけれども形がなく、私たちが五感として通常見なしているものには感知できないものが現れ、進展し、私たちが気づくことができるようになる条件を得ることができるのです。

このような状況に近づくことができるならば、しばらくすると、あたかもそれがもっとはっきりとするように、自分の目撃しているものが例えば不安や敵意などだと、あたかも全く紛れもなくはっきりと感じるように、本当にそう見えると私は思います。私は、ここでは精神病理を全く扱いたくないと言いましたが、ただ余談としてこの見方はおそらく、乳児や子供がとても現実的なこと――現実の経験――であっても、「おなかが痛い」という以外に表現できないことに対処する際に、我慢しなければならないことについての感触を与えてくれると示唆したいと思います。それは感覚的な用語であり、それによっては全く表されないものを記述するために、用いられなければならないような語彙です。『文化とその居心地の悪さ』の中には、極めて印象的な語句があります。そこでフロイトは、或る記述――心のモデルのようなもの――を与えてから、これについての印象的なことで、そこから本当に学ぶことができるのは、絵画的表象が心のモデルを提供するのに全く不適当なことである、と言っています。これは、私が言おうとしていることを本当によく要約しています。つまり私たちは、乳児期の最早期からさえ十分に現実的で、絶対的に現実的なものを、その由来や特徴からして、それには全然合っていない語彙のようなものによってしか表せないものを扱っているという事実です。

分析の実際の進歩に関して言えば、私はそれが非常に驚くべきことだと思っています――経験が分析的状況で進展する中で、それを何度も繰り返し認識できることが。分析の通常の諸理論が何度も繰り返し――どの学派であれ、心の私的な好みがどうであれ、あなたが持ち続けるかもしれない理論がどれほど簡単に――面接室で起こっていることを、あなた方が知っている諸理論のどれかの、実際上の近似値だと認められるようになることかと思いました。それはあなた方が、精神分析や精神分析の諸理論についていかに少ししか知らないと感じていようと、関係がありません。人がどれほどのことを確かに知っているか、そしてどれほど頻繁に、精神分析文献の陳腐な文句である既に発見されている諸理論が、面接室で起こっていることのためにいわば否応なく視界に浮かんでくるかは、驚くべきです。しかし、ここでの第一の本質的なことは、感覚的理解に開かれていないこれらのものがそれでもやはり理解可能である心の状態に、入ることができることです。

しかしながら、これが起こる順序は異なるようです。私はそれがどのように異なるのかを、説明しようとしたくありませんが、疑いなく、変化は起こるように私には思われます。それには一貫性が**確かに**あります。そして分析の総体が一まとまりになる箇所があります。全体が何かわからなくても、ジグソーパズルのピースが、全体と関係した布置を持っていることを見て取れる仕方があります――たとえあなた方に全体が何かは分からなくても。しかしそれらの出来事が現れる順序は、人が慣れ親しんだ他の仕方ではなく、このような仕方で分析をしようとするとき、異なるように私には思われます。

もう一つには、私はこれが、それを行なう非常に恐ろしい仕方であると思います。例を挙げると、私たちが属している文化的背景には、もしも何かがうまくいかず、気づいたら裁判所や検死審判にいるとき、当然のことながらあなた方は、自分の患者について何かを知っていると想定されるでしょう。例えば、あなたの患者が結婚していて、子供が四人いる、といったことを知っている、と。そして実際に人は、それを知っているべきだと感じます。ここにジレンマがあります。もしもあなたがそれを知っていて、それを覚えているならば、あなたの患者が全然結婚していなかったり子供がいなかったりする人にとてもふさわしい仕方で話しているという事実を認めるのに、かなりの長い時間がかかるかもしれません。そして、彼が結婚していて子供がいるという知識や記憶は、人の見方を容易に歪め、状況の判断を妨げるでしょう。解釈は、彼が未婚で子供はいないということにふさわしいのに、他の事実を考慮した解釈することにつながります。これは大雑把な例ですが、大まかに言って、それの一側面です。他方、もしもあなた方が患者は既婚者であることさえ知らなかったことが明らかになったとしたら、それは非常に奇妙に映るでしょう、そして、あなたが属する文化的背景の中では、あなたの専門的能力によるどんな見方も、怪しげに見えさせるだろうと感じられます。

そのような条件では分析はできませんが、同時に、分析を正しく行なおうとするならば、冒している危険や支払わなければならない代償を知らないという条件では、本当の意味で分析はできないと思います。もしもこれが分析を正しく行なう**一つの**仕方だ、と私が言ってよいならば、同時に、その代償を不安という形で支払うことになります。ですから、不安の増加は**確かに**あります。私はそれが、不安の望ましくない増加だとは言えないと思います。それどころか、私はそれがおそらく、精神分析を実践する人とそれについて語る人との間の分け目を印づけるだろうと、重ねて思います。あなたが精神分析者ならば、明日患者に会うのであれば、あなたはその患者に、或る個別の情動的状況の中で会おうとしています。面接室においてばかりでなく、文化的状況、文化的背景においてです。ですから、分析者は分析者であると同時に社会の一員でもあることが重要です。その結果、自分が属する社会の情動的経験や心の諸状態に晒されることになります。しかしながらこれは、私が言うように、いくらか狼狽させるものであり、最初は全く気持ちよくありません。一方、患者に関しては状況が異なります。なぜなら、彼がしたいと思っていることは、とりわけ、自分の記憶と欲望の働きを観察できるということだからです。私は、記憶と欲望というまさにこれらの要素を自分の心から遠ざけているとき、それが非常に簡単になると思います、なぜなら、そうすると、患者の心の中で何が働いているか、分析セッションの中で実際には何が起きているかを、「見る」ことができるようになるからです。

　私は少し前に、変形について論点を挙げました。私はそれに、少しの間戻りたいと思います。おそらくそれは、以下のように最も良く表現できるでしょう。トウモロコシ畑の絵を見ると、まさにこの文化の中にいる私たちのほとんどは、それが何を表しているかを認識するでしょう。そのことは、不変である何かがあることを意味するに違いありません。そして、実際のトウモロコシ畑には何かがあり、絵の具を表面に塗られたキャンバスには何かがあることを、意味しているに違いありません。それは変更されない(五)ままでいて、認識を可能にするものです。もう一つの例は、ご存知のように、あなたが円形の池を表したければ、楕円を描かなければいけないということです。両側が平行している道を表現したければ、ある点で交わる線で表現しなければなりません。

　私たちが分析セッションで目撃しているものは、決して本物（リアル）の経験であり**うる**とは、私は思いません。私たちはそれが何かを知りませんが、私たちが確かに知っているのは、さまざまな形の言語的表現へと——患者によって——変形されるに至っている経験です。それが他の表現であってはならない理由は、分析的に私たちは通常、言語的コミュニケーションによってそれを行なっているという以外にありませんが、もちろん、児童分析者が知っているように、他のコミュニケーションの方法もあります。生来音楽家である人を分析したことがあれば、あなたの表現方法全体に反対する人に突き当たっていることに気づくまでに、それほど時間はかかりません。彼はピアノを弾くことが許されたならば、自分の思うことを言えるだろうし、自分が会話のような不十分なコミュニケーション手段に制約されていると見なしている感じがあります。ですからこのように、私たちが対処しなければならない変形の数は、本当に非常に多いのです。更にまた、患者から言葉による説明を受けるとき、これに並行してこう言えます、あなたは絵を――例えばコンスタブルの『干し草車』を――見なければならないかもしれません、そしてそれを干し草車の記録と見なすことができます、それはそういうものです、非常に単純に。それは干し草車についてのものです。分析者にとっては、これでは本当に十分ではありません。なぜなら、あなたがこれに固執すると、あなたが分析**について**知っていて、患者**について**知っている――患者は結婚していて、などなどについて知っているという状態に、固執してしまうからです。しかし、あなたが何を知らないかと言うと、患者のことです。ですから、ここには全く異なる変形が必要です。

ところで、この別の変形は、全くカテゴリーの異なる種類のものだと私は思います。それは私たちが扱っている状況の実際の情動的現実に関わっています。さてあなたがそれに取り掛かるとき、困難に陥ると思います、なぜなら、あなたは何か**について**話すのに適した言語を使っていますが、それは必ずしも、何かが起きている際の経験、すなわち感覚的な観察には開かれていない力動的な情動的経験に適した言語ではないからです。

そういうことで、私の最後の論点は、あなたが実際に対処しなければならないこの状態への前奏曲として、或る心の状態を精神分析――それが何を意味するにせよ――するためには、これらの特別な諸段階を踏む必要がある、ということです。そしてそれらは、諸々の欲望についての問いと記憶についての問いを明確な修練の問題――それらを心から放逐すること――として扱う性質の諸段階でなければならないということです。

原注

(一) 一九六五年六月十六日（水）に、英国精神分析協会の学術集会で、原稿なしで発表された論文［編者注］。著作権©二〇一四は、W・R・ビオン・エステートによる。パターソン・マーシュ有限会社とフランチェスカ・ビオンの好意ある許可で出版。

(二) S・フロイト（一九一一、二二〇頁）「心的生起の二原理に関する定式」SE XII: 213-226［編者注］。「意識は、それまでもっぱら関心を向けていた快と不快の性質に加え、様々な感覚質を捉えることを覚えた。先延ばしできない内的な欲求が生じたとき、外界の様子があらかじめ分かっているようにするため、周期的に外界を探索する特別な機能が設けられた。**注意**である。この活動は、感覚印象が現れてくるのをじっと待機している代わりに、それに向かっていく。同時に一つの**表記**のシステムが発動されたが、これはその周期的な意識活動の成果を保管することを課せられ、われわれが**記憶**と呼ぶものの一部である」（cf. 岩波版フロイト全集第十七巻二六一―二六二頁）。［編者注］

(三) 元の講演では、「私たちの多くは、不安を見たときにそれを認識できることを予想するでしょうが、あなたはそれの匂いを嗅ぐことはできません。等々」である。「見た（saw）」は後に明らかになる理由によって「遭遇する（meet）」に修正されている。［編者注］

（四）ここでビオンは、フロイトが一九二四年五月十三日に、ルー・アンドレアス゠ザロメに宛てた手紙の中で書いたことに倣っている。「私は、文章を書くときに自分が、すべての光を一つの暗所に集中させるために、意味のまとまり、調和、修辞そしてあなたが象徴的と呼ぶあらゆるものを放棄して、自分自身を人為的に盲目にしなければならないことを知っています。そのような主張や期待がどれも、たとえそれを飾り立てるかもしれなくても、探究している事柄を歪める危険性を伴うという経験に、私は怯えています。するとあなたがやってきて、欠けているものを追加し、それを元にまとめ、孤立していたものをそれ本来の文脈に戻していきます。私はあなたをいつも追うことはできません、私の目は暗闇に順応しているので、おそらく強い光や広範囲の視界には耐えられないのです」。彼はフロイトの手紙とのこの結びつきを、一九六七年の「記憶と欲望についての覚書」の発表後の討論の中で明確にした。［編者注］

（五）この点についてのビオンの考えは、バートランド・ラッセルがウィトゲンシュタインの『論理哲学論考』の序文で述べたこと、すなわち、表象と表象されるものは、「事実と像の間で共通していなければならないので、それ自体は表象されることができない」、同じ「論理的多様体」（ラッセルが使用した用語）を示さなければならない、に近い。［編者注］

編者後記

私たちが「私たちが知っている誰かに会う」と表現する単純な行為でさえ、ある程度まで、知的な過程である。私たちは、私たちが出会う生物の身体的輪郭の中に、私たちが彼について既に形成したあらゆる考えを詰め込むのであり、私たちが心の中で描く彼の全体像の中に、それらの考えの主要な場が確かにある。最終的に考えは、その顔の輪郭をぴったり満たし、鼻筋も正確に辿るようになり、その人の声の音に非常に調和して溶け込むので、透明な包みに過ぎないように思われる。だから、私たちがその顔を見たり声を聞いたりするたびに、私たちが認識し耳を傾けるのは、彼についての私たち自身の考えなのである。

マルセル・プルースト『スワン家の方へ』
（『失われた時を求めて』第一巻）

ビオンが一九六五年六月十六日に英国精神分析協会の学術集会で行なった、〈記憶〉と〈欲望〉についての考えの最初の発表は、当時出版されなかった。それは彼がメモなしで発表したためで、彼は冒頭で聴衆に謝罪し、いつか文書化することを約束した。彼は、もしも自分の論文の二つの用語について言いたいことを書き留めていたら、それはほとんど意味をなさなかっただろうと思うと述べた。一九六七年に彼はその論文の骨子を二ページの記事、「〈記憶〉と〈欲望〉についての覚書」として、まず『精神分析フォーラム』（一九六七、二巻三号：二七一―二八〇）に掲載した。それは一九八八年に、エリザベス・スピリウスが編集した『メラニー・クライン トゥデイ』（Melanie Klein Today, edited by Elizabeth Spillius）に再掲載され、ビオンの一九九五年の本『思索ノート』（Cogitations）の巻末にも補遺として付けられた。ビオンが「覚書」を発表した際には、何人かの分析者がその討論に参加したが、ビオンの応答のみが出版された（二）。

ビオンの仕事には、彼が簡潔にして要を得た「〈記憶〉と〈欲望〉についての覚書」の中であのように凝縮された仕方で明確に表現した諸原理への、数多くの言及がある。彼の『注意と解釈：精神分析と集団における洞察への科学的接近方法』（一九七〇）には、それらの考えの更に詳しい論述がある（例えば、「感覚的現実と心的現実」と名づけられた部分を参照）。一部には一九六七年の報告が非常に短かったためだが、他のより複雑な要因もあって、夢の主題および精神分析の方法そして記憶と注意の基底にある自我の諸機能の性質に関するフロイトの思考への深い結びつきは、ビオンの発表への最初の反応が拒否というものであった多くの者たちにとって、明白ではなかった。分析状況で記憶と欲望に頼ることが邪魔をする影響についてのビオンの考えは、今日もいくつかの方面で物議を醸したままなので、こうした考えをビオンが初めて提示した当時の記録が見出されたことは、極めて貴重である。私は、英国精神分析協会の記録保管人ジョアン・ハルフォード氏がこの録音を転写するために私が利用できるようにしてくれたこと、そして、この論文が最初に発表された協会の会員が読むことができるようにしてくれた、この論文の初出である『英国精神分析協会会報』の編集者カナン・ナバラトネム氏に感謝する。私がこの論文に他より長い編集者の序論を書いたのは、ビオンの思考の中で重要な位置を占めていることと、「記憶と欲望についての覚書」が生み出した多くの深刻な誤解のためである。

私はビオンが「記憶と欲望」の口頭発表版で、「人為的な盲目化」の類比に言及しているのを特に興味深いと思う。フロイトは一九一六年五月二五日のルー・アンドレアス＝ザロメへの手紙の中で、それに言及した。フロイトが手紙で述べているのは文章を書くという行為についてだが、彼が「私は、すべての光を一つの暗所に集中させるために、意味のまとまり、調和、修辞そしてあなたが象徴的と呼ぶあらゆるものを放棄して、自分自身を人為的に盲目にしなければならない」と書くとき、彼は明らかに、精神分析的な注意自体に言及していた――それは、分析者が「自分自身の無意識を受信機のように、患者が送って来る無意識に向ける」（フロイト、一九一二、一一五頁）ことを可能にする、平等に漂う注意にとって必要な条件である。一九一六年五月二五日の手紙の中では、フロイトは次のように暗視に直接言及している。

私の目は暗闇に順応しているので、おそらく強い光や広範囲の視界には耐えられないのです。

この言及の重要性は、フロイト自身による心的性質の直観的理解のための感覚器官としての意識性の役割に関する推測との関連で、ビオンの〈記憶〉と〈欲望〉についての討論にとって示唆的である。フロイト（一九〇〇）は、本質的に、気づきをもたらす二つの「感覚面」または包被があり、一つは五感を通して外的現実の印象を受け取り、もう一つは内因性に発せられる諸印象を感受すると提起していた。フロイトによれば、知覚系からの刺激と同様に意識性は（ソルムス、一九九七を参照）、

快と不快の興奮を受け取ることができるが、それらは、装置の内部でのエネルギーの転換に付随するほぼ唯一の心的性質であることが分かる。［フロイト、一九〇〇、五七四頁］

ビオンは、患者の改善への期待や欲望はもちろん患者についての過去の知識を捨てるようにという自分の提言を、フロイト（一九一二）の提言との関連でばかりでなく、ジョン・キーツによって「負の能力」と述べられた原理や、それに対応する初期の瞑想的思索者たちの「陽否陰述的(apophatic)」[三]な接近法との関連でも理解されるべきものとしていた。そこには、マイスター・エックハルト（一二六〇〜一三二八）として知られている、ドミニコ会の神学者であり哲学者でもあるエックハルト・フォン・ホッホハイムや、スペインのカルメル会の修道士、ファン・デ・イエペス・イ・アルバレス（一五四二〜一五九一）が含まれていた。後者は、「十字架の聖ヨハネ」としての方

が知られている。
以下の抜粋は、一九六六年五月四日の学術集会でのビオンの論文「破局的変化」についての討論の録音を起こしたものから取られており、彼が〈容器〉-〈内容〉と呼んだパターンについての討論の中のアイデアに言及したときに、それがビオンの記憶、欲望および統覚による理解についての提言の重要な側面を非常によく例証しているので、ここに含める。

メルツァー博士：
今、私がビオン博士の話を聞くとき、私はある種の喜びで酩酊状態に陥ってしまいますが、それは彼の言うことがどれもとても新しく、とても刺激的だからです。私は、彼が私の中に引き出すこのような酔い方に対して本当に憤りを表し、どのように彼がそうしているのか、なぜ私は彼がそうすべきではないと思うのかについて、苦情を言いたく思います。そして私がウィニコット博士にも同意したいのは、「隙間（chink）は、まさに隙間を発見する名人が見つけるところにある」という点です——ビオン博士が、私たちの普段考えてきたこととそれがどう結びついているのかを、あまり恩着せがましく伝えようとはしない時に、彼は私たちの中で一種の興奮を駆り立てて、私たちを新しい道筋へと連れて行きますが、私たちに**錨を下ろすところ**（anchorage）は提供しません。そしてその興奮は、彼が救世主的な考えを告知しているかのように、私たちに影響すると私には思われます。さて、彼が何について話しているのかを、精神分析の歴史の観点から把握する必要があるように私には思われます。特に私は、それが妄想分裂ポジションや抑うつポジションとどう結びついているのかを彼が不思議に思っている異例さに衝撃を受けました。なぜなら、それは非常に明確に結びついていると私には思われるからです。メラニー・クラインの仕事の歴史では、例えば、それは生成的な問題、エディプス・コンプレックスの早期段階の探究から始まり、その後、とてつもない前進――私はメタ心理学の経済的側面における最初の前進だと思います――妄想分裂ポジションと抑うつポジションへと進み、それが彼女を再び投影同一化の発見と結びついた力動的な諸問題へと連れ戻しました。そしてそれは彼女を、本能の新たな探究と羨望の問題の精緻化へと導いたのであり、そのようにして進んでいます――それはメタ心理学的に、メタ心理学の或る領域から別の領域へと進み、ビオン博士は今私たちを、構造の問題へと連れ戻しています。

今私は、彼が私たちを羨望と感謝によってもたらされた前進からの次の論理的段階に連れていきつつあると認識できると直ちに、酔っているのをやめて、自分の仕事の質について本当に戸惑い、心配し始めます。そして、そのどこが間違っているのか、ビオン博士が述べていることによって改善される必要があるのか、と怪訝に思います。今もちろん私には分かりませんが、それは精神装置の構造に関係しています。私には、ビオン博士が話していることは、私が悩んでいる時に自分で見つけた類のことに思われます。例えば、対象はどこにあるのか？　自我は対象を包容しているのか、それとも対象が自我を包容しているのか？　それとも、自己がそれらすべてを包容しているのか？　本当に、精神装置の構造は何であり、精神装置の構造のさまざまな要素の中で起こっている、持続的に互いに出入りすることの意義は何なのか、互いに出入りし続けることの意味は何なのかについて、悩んでいるときです。

他のいくつかの論点に続いて、

ビオン博士：

メルツァー博士が今指摘した点を取り上げます。私はそれに同意します。そしてそれは、私がどちらの〈記憶〉の使用も欲望がいわば発展するのを許容することも、避ける必要性について話した理由で、それが自分と患者の間に割って入ると感じたからでした。通常、記憶と欲望として理解されているものの作用には特有のものがあり、それによって人は、セッションの中で実際に起きていることを直観するためには特に向かない状態におかれます。そしてそれは、あなたがこれをしようとすると、不快で不安な経験をするだろうと思われる点で、錨を下ろす係留点という問いに関連していると思います。そこであなたは、あなたの係留点を失うと感じます。そして、人は常にそれを見つけようとしています。人は常に、本当に不愉快な状況、何でも起こりうる状況からの防護として、治療法やその種の何かのようなもの、自分が慣れ親しんでいるものに頼ろうとしています。あなた方が明日会う患者は、あなた方が今までに会ったことがない患者です。なぜか――それは、もしもあなたが前に彼らに会ったことがあるならば、問題は既に扱われています。もしも彼が、あなたに言われたことを理解していなければ――あなたが彼に自分自身を引き合わせられなかった場合――それは再び現れるでしょう。そして人がしたいことは、それが再び現れる形でそれを扱うことであり、それがおそらく忘れてしまったか、いずれにせよ不完全にしか覚えていない何らかの予め決められた機会に現れたと思われる形でそれを扱うことではありません。したがって、明日の患者をかつて会ったことがないかのように会うことが重要です。それは非常に難しいことです。ここでお話しするのは、行なうよりもはるかに簡単です。困難は、人が自分の係留点を失うという事実によって悪化します。あなた方がやってみれば、そしてその試みに何らかの成功があればすぐに分かることですが、それは嫌な感情です。さて、この興奮の感情については、まあ、要はこの主題は実際に興奮させる主題だということです。そしてそれは、私たちみなが反対するものだと思います……

本質的に討論のこの部分は、既存の知識のパターンと新しい知覚や考えの衝撃の間にある関係の、二つの形態について述べている。メルツァー博士は、精神的「係留点」についての論評で、**統覚**への欲望を強調している。それはヨハン・フリードリッヒ・ヘルバルト（一七七六～一八四一）によれば、提示（presentation）の集合が、感覚的現実の方向あるいは思考からの、新しい要素の増大によって構造化される過程である。この過程では、先行する経験の総和に由来する大きな分量の再保証するものが存在し、それが新しくて同化されていない経験による動揺の経験を埋め合わせている。

このように統覚は、或る提示が既存の体系化された精神構造と結びつけられ、それによって分類され、説明され理解されることができる、あらゆる精神過程に対する用語である。ウィリアム・ジェームズ（一八四二〜一九一〇）は後に、ヘルバルトの定式化を元に、こう定式化した。「新しい知覚を、既に所有している観念（アイディア）の塊に統合して同化し、それによってそれを理解し解釈すること」。

それに対してビオンの定式化は、読み手や聞き手の〈**負の能力**〉の要件を奨励するものであり、そこでは、既存の知識の既存の集まりとの結びつき――論文では、（「体制」と呼ばれている）保守的な包容集団あるいは心の一部によって所有され、保護されたものとして表されている――は、脇に置かれている。ビオン（一九七〇、一二五頁）は、キーツが彼の兄弟に宛てた手紙に登場するこの用語の使い方を引用している。(三)

……幾つかの事柄が私の心の中でつながり、そして同時に、特に〈文学〉では、どのような質が〈達成の人〉を形成するようになるのかが浮かんできました。それはシェイクスピアが途方もなく備えていたものです――私が言っているのは、〈負の能力〉のことです、つまり、人が事実と理由を性急に追い求めることなく、不確実さ・謎・疑惑の中に留まることができることです。
［ビオン、一九七〇、一二五頁に引用］

〈記憶〉と〈欲望〉に関する提言の中でビオンは、分析者が既存の理論や一般に認められた事実の安心させる構造を形成する諸事実と諸理由を、一時的に手放す結果生じる感情に耐えることを提案している。それは分析者が、経験の新たな有機的構造――ポアンカレから借りて「選択された事実」と名づけたもの――すなわち本質的に自ずから選択すると思われる事実――を受容するためである。

パルテノーペ・ビオン・タラモ（Parthenope Bion Talamo）[四]（一九八一）はそれを、次のように表現している。

この〈選択された事実〉は、思考する個人があらゆる他の散在した事実を思いがけず調和させるものとして、認識するものである――それは、それらの中の一つだが、以前には見えていなかった意味を「見る」ことを、思考する者に可能にする。

そしてビオンは『再考論文集』への「註解」（一九六七）で、こう書いた。

分析者は基底にあるパターンを、識別と選択の過程によって見分けなければならない。もしも与えられた説明が、元の選択の正しさを実証するためになされた選択であるならば、それは明らかに無価値である。元の経験が精神分析的な現実化の真の展開、すなわち「選択された事実」による一貫性の析出である場合にのみ、書き手の意識的な識別と選択は表現の方法として正統なものとなる。

ドナルド・メルツァーは上記の討論への発言の中で、基底にあるパターンの**統覚**を可能にする、説明のための「係留する」結びつきを欠いたコミュニケーションによる難しい要求に伴う、珍しくはない主観的経験を強調した。[五] 彼は「酩酊感」に言及することで、興奮と苛立ちの一体化した「頭に利く」効果を伝えているが、これはビオンによれば、分析そして今問題とされている類の臨床的な思考において耐えられなければならず、そうすることの有用性は、実践する分析者が望むならば、探究されうるという。

ビオンは、自分が所有する『十字架の聖ヨハネ（フアン・デ・イエペス・イ・アルヴァレス）著作集』の以下の文章に下線を引き、自分の〈記憶〉と〈欲望〉に関する考えに関連のあるものとしてその余白に付箋をした。ビオンがこれらの原理を適用した特定の使用法をよく理解するためには、そのような著述の中で〈神〉や〈神格〉への言及があるところで、ビオンは類比的な関係を用いつつ、彼が探知可能な基底のパターンと感じるものを明らかにするために、精神分析の領域で自分の定式化に使用する目的でその用語を抽象化していることに、注意することが重要である。

これらのあらゆる感覚的手段および精神的能力の行使は、沈黙の中に置き去られなければならない［……］。結果として人は、流入と解明のための余地を作るために、諸能力から自然な権利と作用を解放し、空にして奪うこの方法に、従わなければならない［……］。もしも人が自分の生得の能力から目をそらさないならば、その人はそのような高尚なコミュニケーションに到達せず、むしろそれを妨げることだろう。もしも魂が、〈神〉は何であるかよりむしろ何でないかを通して〈神〉を知ることによって旅をしなければならないことが正しいならば、可能な限りで、自然な理解および超自然的な理解の否認と拒絶を経由して旅しなければならない。これが今や、記憶をめぐるわれわれの課題である。われわれはそれを、その生得の小道具や能力から引き離して、それ自体の上の（すべての明確な知識と理解可能な所有の上の）、人間に理解不能なものの中にある至高の希望へと、引き上げなければならない……。（五感を含む）あらゆる形態に関わる記憶の消滅は、絶対的な要件である［……］この統一は、あらゆる形態からの記憶の完全な分離なしにはなされえない［……］一旦習慣を身につければ……彼は道徳的および自然な生活に関する事柄で、もはや記憶のこうした欠落を経験しない。

（『十字架の聖ヨハネ著作集』、第三巻第二章第二節）。

神秘主義的思索者たちは、**彼らの**熟考の対象のための用語を――ビオンが自分の目的のために選択した例では――何が彼らの熟考の対象では**ない**かを考察することによって見つけようと試みていたが、ビオンは精神分析の非感覚的な心的現実を熟考するために、類似した過程を用いようと試みている。ケイパー（一九九八）が指摘しているように、ビオンによる〈記憶〉と〈欲望〉およびOの概念についての論説は、一部の分析者にはビオンが神秘主義に転向した徴として誤解されてきたが、ビオンが神秘主義的思索者から採って容器‐内容（♀♂）・Oの領域・〈記憶〉と〈欲望〉の自分の定式化に適用している定式化は、「神秘主義の精神分析的モデルであって、精神分析の神秘主義的モデルではない」〔同、四二〇頁〕。

結びとして、元の一九六五年版「〈記憶〉と〈欲望〉」論文をここで参照できることは、精神分析の技法についての彼の他の著作での討論を解明する素材を更に提供するばかりでなく、彼の断定調の一九六七年版「〈記憶〉と〈欲望〉に関する覚書」の著述から除外された繋がりを適切に評価するために有益である。それは彼の『思索ノート』が一九六〇年代の論文に関して果たしているように、『注意と解釈：精神分析と集団における洞察への科学的アプローチ』（一九七〇）および「〈記憶〉と〈欲望〉に関する覚書」（一九六七）における彼の討論に関して、同様の橋渡しの機能を提供している。

原注

（一）討論者たちの論評は、その後、ジョセフ・アグアヨとバーネット・D・マリンが編集した、『ウィルフレッド・ビオン：ロサンゼルス・セミナーとスーパーヴィジョン』（二〇一三）に収録されている。

（二）否定の方法で進行する探究、**ではない**ものを考察しつつ、否定を経由して進む探究。肯定的な言明、**何であるか**についての累積的な知識を通して定義する方法で進む「肯定法による（cataphatic）」ものとは対照的。後者は事実的な知識。

（三）J・キーツ（一八一七）ジョージ・キーツとトーマス・キーツへの手紙、一八一七年十二月二一日、『ジョン・キーツの手紙』、ハーバード大学出版、ボストン（一九五八）。

（四）Rivista di Psicoanalisi, 27: 626-628.

（五）アンドレ・グリーンはビオンの『思索ノート』（一九九二）の書評の中で、ほぼ同様の指摘をしており、これらの覚え書きがビオンの著作のいくつかとの、失われていたつながりのいくつかを提供してくれるという点から歓迎した。

第二論文
負の能力（二）

W・R・ビオン　一九六七

　最初に私は、みなさんにこの論文のコピーをお渡しできなかったことを謝らなければなりません。私は本当にお渡ししたかったのですが、予想以上にだいぶ時間が掛かったので、みなさんには今夜私のお伝えすることを利用していただければと思います。

　一つ私がはっきりさせておきたいのは，奇妙に見えるかもしれませんが――私は自分の書いていることが奇妙に見えるのは理解しています――本当に私は、何か既に知られているのではないことを自分が言っているとは思っていません。ですから、この論文が何について述べているのか、何らかの考えが浮かぶ人は、それを自分自身の経験と照らし合わせようとしてもらうと、役立つことでしょう。なぜなら、それが重要なことなのです、私の言うことがどう奇妙に見えてもそれに惑わされず、その中にあなた方が既に自分たち自身の仕方で言っていることの表現を探し求めることが。

人はよく、私が臨床例をあまり挙げないと感じています。それでは、私の臨床例として、明日あなたが患者と行なうセッションを挙げたいと思います。つまり、まだ起きていないセッションです。ということは、私たちみなが公平に始めます。私はこのことを、いわば注意を集中すべき点として言っています。それを、そのセッションへの単に前奏曲のようなものと見做します。私がそうしたいと思う理由の一つは、私たちが常に認識してはいない困難が私たちに対して作り出されると思うからです。それは、私たちが非常に不十分な形式のコミュニケーションをお互いに用いなければならないという困難です。私は、それが患者との場合、不十分だとは思いません。なぜなら、人が解釈をしているとき、患者は私たちが何**について**話しているのかを知る機会があるからです。だから患者には、普通の会話英語で私たちが言うことを使える機会が、常にあります。それはつまりあなた方が話を進める際に用いるものです。なぜなら患者は、私たちが話していることを実際に起こっていることと比較する機会を持っているからです。ここで私たちがしているような**横の**〔同僚間の〕コミュニケーションとなると、それは別問題です。なぜなら私は、あなた方がしたことのない、と言うのもそれは私と私の患者の間にあったことだからですが、そういう経験について話すために、私は普通の英語か、それを私ができる限り改良したものを用いなければならないからです。この結果みなが承知しているように、あなた方は奇妙な影響を受けます。あなた方は例えば、自分がした解釈に何の疑問もなく、それはその時には適切だった、という状況にいます。そこで意外なことに、あなた方が〔編者注：同僚に〕言うことは、実際には何の反響も起こさないと分かります。なぜなら、人が横のコミュニケーションで言うことは、とても**異なって**おり、面接室で起こったことを記述するにはあまりにも不十分だからです。

困難の一つは、私たちが本当は**感じられる**経験に関連した言語を介して、話をしていることだと思います。それは、あなた方が五感のおかげで経験できるものです。しかし、私たちが**扱っている**のは別の事柄です。例えば、私たちは不安を扱っています。不安の現実性、それが実在することに疑問を持つ人は、誰もいません。それは事実です。しかし、それは見えたり触れられたりする類のものではありえません。それでも私たちは、私たちが見たり触れたりできるものから実際には由来している言語を用いなければなりません。さて、それが不安のようなものであれば、まことに結構なことです――あなた方は素人の中でそれについて話すことができ、彼らはあなた方が何を意味しているかを知っており、彼らはそれを経験したことがあり、そこには何の困難もありません。このことは私たち自身にも当てはまりますが、私たちはたまたま訓練を受けた分析者なので、非常に広い範囲で当てはまります。しかし、私たちが私たちの語彙の縁からいわば漂い出てしまう幾つかの点があり、それはすぐにやって来ると私は思います。私たちは、諸々の経験について語ろうとしており、それについて私たちはみな知っているかもしれませんが、異なった仕方で経験をしています。これは深刻な事柄です。なぜなら、私たちはこの協会の中で非常にしばしば議論や論争をしており、もちろん私たちはそうすべきであり、議論はどの科学的発展にも成長ですが、見掛けは論争でも本当は不十分な公表の媒体によって煽られたものなので、時間の無駄です。つまり、私が話しているこの横のコミュニケーション

――一人の分析者が自分の経験したことを、たとえそれを類似した経験だと考えても、明らかにその経験をしていない他の誰かに伝えること――にとっては、不十分な媒体なのです。結局、その頃にはあなた方は、誰でも知っているように非常にリアルで、誤解の余地がない面接室での経験から、遠く離れています。さて、このことは本当に問題を提起していると思いますが、それについて今夜お話しするのは、全く不可能です。私たちは、新しい言語の発明に乗り出すことはできません――それは未来の問題です。しかし、問題点を意識し続けること、そして私たちが持っているのは欠陥がある伝達手段だという事実を考慮に入れることには、また、何らかの接近をおそらくすること、あるいはそうしようとすること、あるいはそうし始めること、つまり本当に記録し伝達する記録と伝達の方法を見出すことには、何の害もありません。

今夜、私たちは科学論文と呼んでよいものに対する舞台設定をしています。この種のもの［横のコミュニケーション］は、私たちが行なうあらゆることに行き渡っています。それは、精神分析があれほど尋常ではない経験であり未知のものであるために、私たちは確かに知っていることにはそれが何であれ、しがみつきたいからかもしれません。そして私たちが知っているものの幾つかは、セミナー、スーパーヴィジョン、講義などであり、私たちはコミュニケーションの精神分析的様式を用いる楽しみに嵌ってしまいます。なぜなら、教育システムも始めずに精神分析を行なうことは、十分にかなり悪い――十分にかなり恐ろしいことだからです、そのシステムが本当は奇妙で分からなく感じられても。しかし私が主張したい点は、そのための条件は存在していませんが、この種の集まり――セッシヨンの外での集まり――のことは、はるかに「ゲーム」の性質を帯びていると考えるべきだということです。そして、それをする際には、私たちが子どもたちの遊びについて知っていることを役立てることです。私は、私たち自身の発見をこの点で利用すべきであり、私たちが子どもたちのゲームで行なわれる技を思い浮かべれば浮かべるほど、私たちは自分たち自身の教育システムの進化を考察する際に、その知識をもっと活用するべきだと思います。

私はそれをこのように扱いつつ、この種の一連のゲームを始めたく思います。そして、私はまず、あなた方に視覚的イメージの言語的変形――と私が呼びたいもの――をお渡ししようとすることで、行ないたいと思います。例えば、患者は私が今していること、ただ手首を引っ掻くことをします。これは視覚的イメージですが、その言語的変形をお渡ししようとしてみます。では、もう一つ試しましょう。今度は、誰かが腕時計について文句を言い、水腫があることを示します――過敏症は、浮腫様の腫脹があるほどのものです。また同じ話です。今度は、患者は傷跡があるほど自分の手首を引っ掻いており、傷は、そのようにかなり激しく引っ掻いていることの表れです。さて最後の翻案（ヴァージョン）は、手首を切ると脅した患者が、実際に切り、血だらけの浴槽に横たわっているところを発見され、病院に運ばれたというものです。さて、もう少し進んでみましょう。これらの視覚的イメージを用いて、「理論」(二)または主題を定式化しましょう。私は風呂場で横たわっているのを発見された患者については、傷口に手当をされ、運び出され、また同じことをしないように防止されるべきであり、いつか終わりにして退院させるべきだと示唆します。これは、ある種の治療やある種の人々、例えば看護スタッフや精神科病院にとっては、かなり満足のいく「理論」です。しかし精神分析となると、これではだめです。なぜなら、私たちは誰も、そのような患者が「治った」とか問題が処理されたとは、本気で思わないからです。それは、それが役立つ限りでは十分な「理論」ですが、私たちの観点からすると十分ではありません。

私はそこから、同じ類の形を採りながら、進みたいと思います。但し、それをこのような条件の中で行なうのは気まずいことですが、まだゲームの一部であり、私は「獣の感覚」と呼ぶものを導入します——私はそれによって、通常数学者たちによって意味されるものを意味します。そして私がそれから示唆したいのは、人は私があなた方に提示してきた視覚的なイメージつまり全体のイメージに、それらのどれについても、**方向**があると見做すことです。あなた方は、患者が自分の手首をこう切り裂いた「ジェスチャーで示す」とも、内側から**外側へ**と切ったとも考えることができます．私は、このことは分析者の観点からすると、もう少し意味を持ち始めると思います。前の理論は、ただ単に手首に包帯を巻いて患者が更にダメージを受けることから救うことになるもので、私たちの役には立たないでしょうが、この種の考えには意味があると思います。ですから私は方向性の観点から、すなわち、私が触れた四つのバージョンのいずれかあるいはすべてにおける、視覚的イメージのいわば方向性を、方向性があると見做されるかもしれない全体的な出来事として考えることを提案したいと思います。私は既に、**内側**と**外側**についても述べましたが、それは別の理論を導入しています——それは、内側と外側が**存在する**というものです。これらのものは、応用することができます。これらは、私たちが知っている〈空間〉から派生したものですが、それらが心とどのような関係にあるのかは、私は知りません。心には内側と外側があるのでしょうか。心には境界があるでしょうか、それはどこにあるでしょうか。

さてこれらの点は、通常はあまり重要ではありません。しかしあなた方が障害を被った患者たち、ほぼ「境界例」と通常私たちが呼ぶ症例を扱い始めると、これらの点は重要になります。心に境界や限界があるのかどうか、あるいは、私たちが扱っていると考えているものは一体何なのかを、知りたいと思うでしょう。私が提起しているこの種のゲームには、いくつかの行ない方がありえます。例えば、それらの視覚的イメージや私によるそれらの言語的変形を、独特の順序、例えばその暴力性で並べることを考えられます。ここでもそれは難しいことです。なぜなら、あなた方は私が実際に挙げた順序に従うことがありうるからです――手首の些細な引っ搔き傷を一方の極に、自殺企図をもう一方の極にして、その順序で。最初の二つの場合とそれらについて私が提案した理論は、私たちの仕事にそれほど特別に適用できるものではありませんが、他の場合となると、私たちが対処しなければならない類のものにはるかに近づきます。しかし、もう一度言うと、もしもあなた方が今晩私の言ってきたことに従うならば、暴力性の順序は、**コミュニケーション**の暴力性によっても左右される可能性があるということです。例えば、ただこうすること［ビオンは引っ搔くことを表す］は、誰の関心もあまり搔き立てそうにありません。しかし、最後の例を問題にすれば、私がこの説明をしているのを聞いている人は誰でも、**それ自体**暴力的である言語的変形を提示されていると**感じる**でしょう。あなた方が、看護スタッフに患者が提示したその場面自体を問題にすれば、それも暴力的です。それはスタッフの感覚装置への暴力的攻撃です。ですから、暴力についてのこの点を考察する際には、私たちはそこで、どの程度それが暴力的攻撃の問題なのか、もしもそうなら、なぜなのかを考察してもよいかもしれません。患者が、その種の暴力的コミュニケーションをしなければならなかったのは、それが彼女の唯一の、自分がともに生き、動き、存在した人たち〔cf.「われらは神の中に生き、動き、存在する」『新約聖書』第五書使徒行伝十七章二八節〕の心を理解する仕方だからでしょうか。こうしたこと全てにおいて、私は何の答えも提案していません。私は単に、問いを生み出すゲームを行なう方法を提案しているに過ぎません。人は暴力というこの主題を続けて、それが行動の暴力なのかどうかをもう一度自問することができます。

私は、これが明日のセッションのことだと言いました。しかし私たちは、明日のセッションで何が起こるのか、何の考えもありません。ですから私たちは、それについて何も知りません。精神分析者として私たちは、通常は見えないものを「見る」ことに慣れ過ぎているので、それがどれほど問題なことであるかを忘れます。私たちが明日には見ることができるものが何であれ、それを「見る」ことができるとは、なんと大きな問題でしょうか。私はゲームという考えをここで更に取り上げたくありませんが、そのようなゲームが子供のゲームの洗練されたバージョンであることは、示唆したく思います。私たちはそれを——私が言うように——子供の**する**ことなら何であろうとするように私たちの心を働かせるために、利用することができます。私は、それが精神分析者の成長の過程に関係していると思います。この明日のセッションはどうでしょうか。私はフロイトの手紙から、一つの断片を読みたいと思います。それは一九一六年五月二五日のルー・アンドレアス＝ザロメ宛の手紙です[三]。

私は、文章を書くときに自分が、すべての光を一つの暗所に集中させるために、意味のまとまり、調和、修辞そしてあなたが象徴的と呼ぶあらゆるものを放棄して、自分自身を人為的に盲目にしなければならないことを知っています。そのような主張や期待がどれも、たとえ真実を飾り立てるかもしれなくても、それを歪める危険性を伴うという経験に、私は怯えています。

ここでも、もちろん人はフロイトが書いたことを誤解する危険があり、それはこの主題の不幸なところです。しかしそれは本当に私にとっては、貴重な意味を持っています。私は、実際のセッションになると、私たちを苦しめるのは、知識の欠落や理論の欠落、訓練の欠落ではなく、知識の過多、理論の過多、光の過多だと思います。私たちが携わっているこの独特の探索にとっては、このモデルを使えるならば、私は**明るい**光ではなく、最も薄暗い対象すなわち光の最も微かな欠片が、はっきり見えるようになるほど状況を**薄暗く**させることを考えています。したがって重要なのは、鋭く貫く一筋の闇をその薄暗い場所に向けるために、可能な限り多くのものを除外できることです[四]。私はこれに対して、普遍的な有効性を主張してはいません。なぜなら、この種の点は各分析者によって解決されなければならないだろうと私は思うからです。もしもあなた方が私の話の中に何かがあると思うならば、あなた方はそれを試してみて、そこに何かがあるのかないのか、決着をつけることができます。しかし私がそれを伝えようとしている理由は、それが私には貴重であると思われるからです。
私はもう一つの引用を読んでみたいと思いますが、これはキーツが一八一七年十二月二一日に書いた兄弟たちへの手紙からのものです。

幾つかの事柄が私の心の中でつながり、そして同時に、特に〈文学〉では、どのような質が〈達成の人〉を形成するようになるのかが浮かんできました。それはシェイクスピアが途方もなく備えていたものです――私が言っているのは、〈負の能力〉のことです、つまり、人が事実と理由を性急に追い求めることなく、不確実さ・謎・疑惑の中に留まることができることです。例えばコールリッジならば、中途半端な知識で満足しておくことができず、神秘の内奥から得られた、見事な孤立した本当らしいものを見過ごすでしょう。

私が〈負の能力〉というこの用語を使いたいと思うのは、これを指すためです。私は精神分析に専門用語をこれ以上追加したくはないことを急いで付け加えますが、それは物事をまとめる便利な、私がこの用語を使うときに意味していることを、あなた方が理解するようにさせる言い方です――それは、〈達成の人〉にとって必須である、中途半端な真実に耐える能力のことです。さて、私はこの点も非常に重要だと思います、なぜなら私たちは分析者として、勝手気儘ではないからです。私たちはセッションを、会話や自由連想、解釈などはたくさんあっても達成がないものに、したくはありません。そしてそれは、私が関与してきて特に何も起こらないように思われる、これらの永遠に続く（あるいはほぼ永遠に続く）分析と、私が私自身と患者の間の協働からどんな結果にも価値があったと確かに満足できなかったものを区別する手掛かり――ただの手掛かり――ですが、私たちが追跡できるものを与えます。しかし、人が〈負の能力〉についてのこの点を考慮するならば、そして人が事実と理由を性急に追い求めることなく、中途半端な真実、不確実性、神秘、疑念に耐える能力に関心を払うならば――この点は重要です、なぜなら、人はこのような状況に陥ると遅かれ早かれ、通常はすぐに、耐えるのを困難に感じて、精神分析的な解釈に手を伸ばし始めます。それは間違っていると私は思います。私は、それは会話のやり取りのようなものとしては全く問題ないかもしれないと思いますが、**達成**としての分析には適していないと考えています。もしも会話が達成の交換の一部であるはずだと思っているのであれば、人は自分がそれに耐えられるはずであることが重要であり、患者もまた中途半端な真実などに耐えられるはずであることが重要です。中途半端な真実、神秘などを求めて物事を見るけれども、それらに耐えることができるということです。

これは、先に私が〈記憶〉と〈欲望〉の重要性について論じた点につながります。私がこれについて提案したいのは、本当に非常に単純な演習です。私が〈記憶〉と〈欲望〉によって何を意味しているのかをお伝えするよりむしろ、セッションが終わりに近いかどうかにあまり煩わされずに、ただ行なってみるのが良いでしょう。それを機械的な手段、目に見える時計かそうした類のものに委ねられれば助かります。結果として明らかに、時間のことで患者の気を散らすことはなくなります。この種の助けになることは一つか二つあり、簡単に対処できますが、もしこれらがしつこく現れるままにして、セッションの終わりや週の終わり、週末の休みなどについて考える習慣が育つのを許容すると、人は**不透明な**何かを導入しているように思われます。それには、自己自身と不安や抑うつなどのようなこうした奇妙なものの間に、割って入る能力があるように思われます。私たちは後者を観察しようとしています。私はこのことを、非常に障害のある患者によって痛感させられました。彼は、私の認識では、何かの機会に彼が言ったことや私が言ったことを私に考えさせようと、そして私が彼の「治癒」や彼のためにあれこれすること、つまり精神分析以外の何かをすることを私が欲するのを刺激しようと、私をつねに刺激していました。そしてここが、人が困難に陥るところです。なぜなら、人は自分の患者のために何かを**したい**と思う気持ちを避けるのは、とても難しいからです。外科においてさえこのことが指摘されており、手術がうまくいくことを気に懸けるのと対照的に、患者の福祉を過剰に気に懸けるのは、外科医にとって良いことにならないでしょう。

私は、人がこれについて性急であるべきではないと思いますが、徐々にこうした仕方で、〈記憶〉と〈欲望〉によって何を意味するかを、自分なりに定義していくべきです。そしてそれから、あなた方が二つの用語を交換できるものとして――〈記憶〉を〈欲望〉の過去形として、〈欲望〉を〈記憶〉の未来形として――用いながら、これで何を意味するかについて良い考えが得られたとまあまあ確かに感じるとき、これを単に些細な性質ではないものに拡張することを考慮できます。しかしその曲線は言ってみれば、急上昇します。私が話している点まで、自分自身の定義――〈記憶〉と〈欲望〉の自分の定義――について明確にするのに十分なほど首尾よく、それを行なうことはかなり簡単ですが――その過程がどこで止まるべきかを知るのは、そう簡単ではありません。この点は非常に重要なものです。私は、誰もがそれを試すべきだとは思いません。私は精神分析者以外の誰にでも適していると言うことは、確かに躊躇するでしょう。その理由は、それが経験を強力なものにすると、確かに思われるからです。一見すると、これに対する不安や、患者が言ったことや人が感じたことなどを知るべきだと感じることは、どれも非常にもっともらしく思われますし、それらにはどれも実質があります。さもなければ、もっともらしくないことでしょう。しかし一般的な結果は、精神分析的経験を非常に強化することだと思います。それは実に、患者の精神分析が分析者の人生の中心に入り込んでしまうほどです。そして、分析されるのにかなり似た結果が得られますが、それは自分の分析者が常に非常に重要な人物であるのと同じことです。そしてこれは夢や同種のものに反映されますが、**実践**が分析者の夢などに反映され始めるのと同じことです。そして私は、どれも感じられ理解される関係を持っていると見える、これらのさまざまな不安の起源に、もっと焦点を当てられるようになると思います。それは、それらが精神分析されることではなく精神分析をすることの強烈な経験から、実際には由来している可能性を認識することによってです。

クライン派の理論を用いている人には、より身近だろうと思われるのは、もしもあなた方が明日、可能な限り近くで患者と対面しようとして（あなた方はそれ以上に近づけませんが、試す価値はあります）経験する状況は、分析で全体として別々の無意味なエピソードが起きているというものです。そこではパターンは識別できません。そのとき、それに耐えるのは困難であり、それは〈負の能力〉を必要としています。さもなければ人は、神秘や中途半端な真実などに耐えるというジレンマから抜け出すために、解釈を持って飛び込むでしょう。それは多量の断片や切れ端入りの万華鏡を、覗き見ることにかなり似ています。それを軽く叩くと、パターンが現れるのが見られます。それは何らかのモデルで言える限りでは、そうしたパターンにかなり似ています。

私は、私が**進展**（evolution）と呼ぶこの経験と、私が記憶と呼ぶ、人がいわば自分の頭を精神的に掻きむしって、過去に起こった何らかのことを考え出そうとする経験を、区別したいと思います——それはかなり異なります。これは状況から出てくる何かで、セッションの間に進展します。それが起きるとき、あなた方は実際に何かについて話しているので、説得力のある解釈を与えることがずっと容易になります。患者にとってもより容易です——彼らはそれに気づかないかもしれませんが——なぜなら、分析者は患者が手にできるものについて話しているからです。その解釈が正しければ、患者はそれを見て取ることが**できます**。それは、あなた方の言っていることを否認した後で、翌日、見たところかなりの進歩を遂げて来る患者がいる、と感じる仕方で現れます。私は、それは分析者が、患者が手にできる何かについて話していたので、次のセッションの前であろうと最終的にそれが腑に落ちることになったのだと思います。しかし私が進展と呼んだものと、私が記憶と呼んだものをそこで区別することは、有用だと思います。

私が述べてきたことに戻ると、この万華鏡の状況は、メラニー・クラインが妄想分裂ポジションと呼んだものにも、本当に対応しているでしょうか。そして私は、人が分析において、妄想分裂ポジションのようなものから**抑うつ**ポジションへと移動するという、独特の経験をすることを予想しなければならないと感じます。解釈のたびに、あなた方はこれらの両方を通ります。厄介なことは、これらは精神病理学の用語であり、人はそのようなものが実際には適用されないことを望みます。もう一方で、自分は非常に良く適応しているので病理的機制を持つことはありえないと言うのは、勇ましい分析者ではないかと思います。ですから、私は確信の表明というよりもむしろ希望を抱いて、妄想分裂から抑うつへの動きに一種の**対応**をさせて、**忍耐**のような用語を――妄想分裂ポジションに対して、そして**安心**を抑うつポジションに対して用いたいと思います。すなわち、人が理想的な分析者であれば、忍耐（私がこの用語を使うのは、その中に難儀（トラブル）という考えを保持したいからです）している段階を経て、安全であるという他方のポジションへと、不安がなく、そのような用心がないという意味も保持したまま、移行することでしょう〔in that way. ピリオドを挿入〕。私は、分析が分析者自身にとって、そして彼の**成長**にとって、力動的な経験になると示唆しています。そして私見では、分析者は何が起きているのかを認識し、患者にもそれを認識させることができる見込みが、高まりそうです。なぜなら、抽象物について述べているのではないからです――抽象的な用語を使っているかどうかに関わらず。人はいずれにせよ、欠陥のある言語を用いています。実際に起きていることに近ければ近いほど、説得力を増す見込みがあります。

私は、誰にでもこれを勧めるわけではないと言いました。人は目標をかなり低くして、慎重に進むべきだと私は思います――特に〈記憶〉と〈欲望〉の、それらを抑制したり除去したりというこの問題については――なぜならば、非常に極端な形では、これは精神病者が行なうことにひどく近づくからです。それは、現実の世界による過剰な刺激から自分自身を守ろうとする試みです。それはむしろ、現実世界からの刺激と接触する能力を破壊するという形をとり、私たちが通常〈無意識〉と呼んでいるものとの強烈過ぎる関係である接触に、彼を陥れます。ですからこの手順は、私が言うように、慎重に使用されるべきです。それは分析を受けた人たちによってのみ、私が言うように、性急になり過ぎずに――そしてまた、不愉快な類の自分自身の態度や見解の波紋を見出すだろうと予想しながら、用いられるべきです。

前に私がこの話をしたとき、私は多くの人が、それは簡単な手順だと考えていることを聞きました。自分の仕事のことを忘れて、気にしなければよいだけのことだ、と。いや、そうではありません。それのことではありません。それはもっと厳しい修練であり、厄介なものです――とにかく、かなり長期にわたることです。おそらく永遠です、私の知る限りでは。

したがって要約すると、私がここで注意を促していることは、私が〈負の能力〉と呼んだこの状態の重要性です――あるいは状態ではなく、特徴です。私はこの考えを抱くことが、訓練などのために人々を選抜する問題を扱うことになるとき、人が個人の能力――いわば〈負の能力〉の量――を査定できる何らかの仕方を見出せるならば、有用でさえあるかもしれないと思います――するとそれは、精神分析者になりうる人間に人を導くのに役立つかもしれません。私がそれを重要だと考えていることは、言う必要がありません。なぜなら私の分析経験からすると、それは非常に困難な課題だからです。そして私はそれが、人が簡単に取り組める類のものだとは思いません。あなた方は好きなだけ読むことができますし、好きなだけ学ぶことができますが、結局のところ、何時間も何時間も患者とともに生きていく覚悟がある人は、不屈でなければなりません。私は自分がそれで意味することを、ある程度明確にできたことを願います。

原注

(一) 一九六七年十月四日水曜日の英国精神分析協会の学術集会で原稿なしで発表された論文［編者注］。著作権Ⓒ二〇一四は、W・R・ビオン・エステートによる。パターソン・マーシュ有限会社とフランチェスカ・ビオンの好意ある許可で出版。

(二) ここでは、ロナルド・ブリトンが明確化したように、ビオンは理論よりむしろ「モデル」を記述している。それはビオン自身が本論文で後に使用している用語である［編者注］。

(三) ビオンが記憶から暗唱している手紙は、ごく僅かに一、二箇所、フロイトの『標準版』に発表されたものと異なっていた［編者注］。

(四) ビオンはここで、いわば極性を反転させて、照らされ過ぎている領域に**暗闇の濃縮光線**を集中させたいと話した。彼は、心的諸現実を識別するために必要な直観的能力は、ジョン・ミルトンが『失楽園』の韻文の中で「内向きの眼」として触れている、非感覚的な経路に依拠していると考察した。ビオンはそれを頻繁に引用している［編者注］。

編者後記

ビオンは、英国精神分析協会の同僚たちに対する自分の考えの発表を、事前に論文を回覧しなかったことへの謝罪から始めた。実際には彼のやり方として、論文はなかった。ビオンは生涯のこの時期にいつもしていたように、一連のメモとして手書きしたアイデアを、かなり自然な形で話した。彼はそのメモを「着想（cogitations）」と呼んでいた。彼は話す際に、ジャズ・ミュージシャンが切分された楽想をいわば演奏の「通過目標点」として照合するように、メモを心に留めていた。それは必ずしも、彼が最初にメモしたときに思い浮かんだ順では述べられなかった。したがって、彼は話を、自分が話そうとしていることが何かを発見するのを楽しみにしていると言って始めることがあったが、本当にそのつもりで言っていたのだった。

彼は、自分が描写しようとしていること、基本的には彼の精神分析の行ない方、メラニー・クラインの表現を用いれば彼の精神分析的な態度を、同僚たちがどう思うか知りたがっていた。一九六五年にそうした考えの概要を、分析者自身の記憶と欲望の抑制や一時的な停止と表現して初めて伝えたとき以来、一部の分析者は彼を根本的に誤解した。彼がアメリカ人の同僚たちと、彼の（私に言わせれば浅慮にも）格言的な、二ページの「記憶と欲望についての覚書」について討論したときには、特にそうだった。二〇一四年に、より充実した一九六五年の説明「記憶と欲望」が複写され出版されるまで、読者はビオンの方法論的原理についての説教調でどちらかというと「洗練されていない」説明しか、手に入れられなかった。「負の能力」では、彼が自分の考えを明瞭に受け取られたいと本気で考えていたことは明らかであり、どれほど用意したかははっきりしている。この論文は、一九六五年の論文「記憶と欲望」と一緒に読まれるべきであり、その二つを合わせると、二ページの「覚書」論文よりも深いものを提供しているので、その姉妹編となっている。

二年前に一九六五年の論文を発表したときのように、ビオンは聴衆を、彼らが**よく知っている**と見なしてよい患者と次の日に会う面談について、よく考えることに向かわせた。彼は、その出会いには何か比類のないものがあると感じたが、同僚たちに伝えるのは非常に難しかった。それは、彼らの分析の仕方が異なるかもしれないからばかりではなく、経験自体の現実（リアル）だが言葉で表せないいくつかの次元を伝えるのに、言語の限界があるからである。これを彼は、ここでも他の時にも、横のコミュニケーションの問題と呼んだ。この注意喚起の目的は、解釈をセッション自体の中で起きている出来事の直接性の中で分析者にも患者にも利用できる経験に基づかせることによって、患者との分析をリアルなものにすることを検討するための舞台を設定することだった。これが転移と逆転移とは同じではないことに、私たちは注意すべきである。

ビオンは聴衆とともに、彼が「精神分析ゲーム」と呼ぶ、さまざまな激しさで引っ掻いたり切ったりするという実際には「思考実験」を行なった後、二つの自分自身の考えを導入した。それらは、理論的な違いや好みがどうであろうと分析者はみな、フロイトが平等に漂うあるいは未決定の注意（gleichschwebende Aufmerksamkeit）と呼んで推奨した、脱構築的なアプローチを利用しているという事実に、暗黙のうちに基づいていた。

第一に、分析中の患者によって描写された場面を聞くとき、私たちは患者が提示する「語り化された」構造によって私たちに与えられた、出来事の順序や方向性に束縛されない、ということである。出来事の**方向性**は、ビオンが講演で考慮することとして選択したものである。第二に、患者による説明は実際の具体的な暴力を叙述するかもしれないが、ビオンは分析者に対して、その叙述**によって**分析者に働き誘発される、コミュニケーションの力や暴力にも留意してはどうかと提案した。彼の論文を読んで読者は、たとえビオンが平等に漂う注意という用語を使っていなくてもそれを強調しており、同様に、投影同一化の機制の喚起的で伝達的な使用を、暗黙のうちに強調していることを理解できる。

ビオンは自分が論じた場面を、言語的で絵画的な**変形物**と見なしたが、それは『変形』という題で一九六五年に出版された著作での彼の独創的な貢献だった。彼は聴衆に、精神的な暴力を含む変形が**誇張法**と彼が呼んだことのあるもののために用いられうることを思い起こさせた。それは、一九五九年発表の「結合作用への攻撃」で彼が提出した画期的な所見に従っている。彼はその概念を、こう表現した。

患者が、その種の暴力的コミュニケーションをしなければならなかったのは、それが彼女の唯一の、自分がともに生き、動き、存在した人たちの心を理解する仕方だからでしょうか。

ここからビオンは論文の中で、手紙からの二つの抜粋の引用へと移る。一つはフロイトが彼の友人かつ同僚だったルー・アンドレアス＝ザロメに宛てたものであり、もう一つは詩人ジョン・キーツが彼の兄弟たちに宛てたものである。どちらも、彼の論文の主要な主題に直接関連していた。彼は先に、フロイトの手紙からの引用を読んだ。

私は、文章を書くときに自分が、すべての光を一つの暗所に集中させるために、意味のまとまり、調和、修辞そしてあなたが象徴的と呼ぶあらゆるものを放棄して、自分自身を人為的に盲目にしなければならないことを知っています。そのような主張や期待がどれも、たとえ真実を飾り立てるかもしれなくても、それを歪める危険性を伴うという経験に、私は怯えています。

ビオンはこれを負の能力と関連づけて、セッションの中では非常にしばしば、患者についての知識の不足よりもむしろ無知の不足が存在すると示唆した。次に彼は、キーツが一八一七年十二月二十一日に書いた兄弟たちへの手紙を読み上げた。

……幾つかの事柄が私の心の中でつながり、そして同時に、特に〈文学〉では、どのような質が〈達成の人〉を形成するようになるのかが浮かんできました。それはシェイクスピアが途方もなく備えていたものです――私が言っているのは、〈負の能力〉のことです、つまり、人が事実と理由を性急に追い求めることなく、不確実さ・謎・疑惑の中に留まることができることです。例えばコールリッジならば、中途半端な知識で満足しておくことができず、神秘の内奥から得られた、見事な孤立した本当らしいものを見過ごすでしょう。

ビオンがその詩人の書簡集を読んでいたときにそもそも彼の目に留まったのは、「中途半端な知識で満足しておくことができず」、「事実と理由を性急に追い求めることなく、不確実さ・謎・疑惑の中に留まることができる」という語句だった。彼は、キーツがシェイクスピアの基本的な作劇態度に適用した、〈**達成の言語**〉という言葉にも非常に魅せられていた。なぜならそれは、シェイクスピアの戯曲、特に悲劇には道徳的判断や道徳的教育という目的が欠けていることを、分析者として評価していたビオンと、よく一致したからである。ビオンは、私たちが精神分析において求めるのは達成の言語であり、それは原因の言語や非難の言語とは異なる、とよく指摘していた。

読者は、キーツの言葉を精神分析に適用したことについてのビオンの叙述の中に、無意識との接触を可能にするためにフロイトが推奨した、根本的な開放性・構造的な脱構築・「非行為」という基礎的方法への回帰を認めることだろう。そして論文では、このことは、ビオンが負の能力と分析者による記憶と欲望の統治の間をはっきりと結びつけることによって、推し進められている。おそらく、訓練組織にいる同僚たちの懸念のいくつかを考慮に入れるために、彼は記憶と欲望を一時的に停止することから生じる困難と強度の負担が増加することを認め、分析を実践することを学び始めたばかりの段階では、耐えられると思われないかもしれないと受け入れることさえした。しかしながら彼は、本物の分析が記憶・欲望・統覚を差し控えることを必要とするという信念を持ち続けた。彼は、その難しさと強度について、醒めた警告を与えた。代わりに、彼はそれを、経験豊富な分析者が探究するべきこととして提案した。彼は、記憶と欲望の——特に患者を治したり何らかの仕方で良くしたりする欲望や、更には患者についての知識として自分が以前に確立したことをしっかり心に留めておこうとする欲望の——現れを一時的に停止することの効果は：

精神分析的経験を非常に強化する。それは実に、患者の精神分析が分析者の人生の中心に入り込んでしまうほどである。そして、分析されるのにかなり似た結果が得られるが、それは自分の分析者が常に非常に重要な人物であるのと同じことである。そしてこれは夢や同種のものに反映されるが、実践が分析者の夢などに反映され始めるのと同じことである。そして私は、どれも感じられ理解される関係を持っていると見える、これらのさまざまな不安の起源に、もっと焦点を当てられるようになると思う。それは、それらが精神分析されることではなく精神分析をすることの強烈な経験から、実際には由来している可能性を認識することによってである。〔cf. 本書四五頁〕

ビオンは前の機会に、記憶の操作を一時的に停止するという論点についての無理解に出会ったときに行なったように、慣習的な記憶と、それの一翻案で彼が**進展**と呼んだものの間を区別した。それは、分析者が探し出したり呼び起こしたりしなくても「浮かび上がってくる」ように見える、貯蔵された要素である。これは、プルーストが『失われた時を求めて』の中で「不随意記憶」と呼んでいるものにも似ている。ビオンによるこの論点の明確化は、自分の考えを同僚たちに少しでも直観に反したものとしないための試みだった。

ビオンは、最初は無秩序な配置や情動的なパターンを描写するのに、万華鏡のパターンの類比を用いた。その配置やパターンは、負の能力を用いて五感や理解、それに付随する記憶と欲望の正常な作用を一時的に停止させている、分析者の受容的な心に提示されるものである。この類比によってビオンは、メラニー・クラインの妄想分裂ポジションと抑鬱ポジションの概念を語ることができた。ビオンの手によってこれらの概念は、諸知覚の組織化の原理へと拡張されていく。彼はそれを一九六一年の論文「人間の概念形成力」の中で、「予め仄めかしていた。そこで彼は、「投影同一化の理論とそこに由来する理論は、その提唱者が意図した以上のことを説明する」と書いていた。ビオンは、分析者にとって負の能力の実践が難儀なものであることを説明した。なぜならそれは、クラインが私たちみなにおいて早期乳児期の状況から生じるものとして叙述した、二つの情動的ポジションに何か類比的に対応する、輪郭の明瞭な経験の間をセッションの中で揺れることを必ず伴うからである。

ビオンは論文の中で、負の能力の条件は、各解釈の前・間・後に、分析者がこれらの動的状況の両方を通過することを意味しており、それらをクラインの概念と混同しないようにするために、「忍耐」（Ps）と「安心」（→D）という用語を与えたと説明している。ビオン曰く、このようにして分析は、分析者自身にとって、そして彼の成長にとって、力動的な経験となる。そして私見では、分析者は何が起きているのかを認識し、患者にもそれを認識させることができる見込みが、高まりそうである。なぜなら、抽象物について述べているのではないからである――抽象的な用語を使っているかどうかに関わらず。

ビオンは、記憶を一時的に停止することは、技術的な手順として表現することで怠惰さを隠すことができ、「簡単にできること」ではないことを同僚たちに思い起こさせて論文を締め括った。「いや、そうではありません」と彼は明白に述べた。「それのことではありません。それはもっと厳しい修練であり、厄介なものです――とにかく、かなり長期にわたることです。おそらく永遠です、私の知る限りでは」。彼の考えの発表の後、そしてコーヒーと討論の前に、協会の会長としてその集会の司会者だったドナルド・ウィニコットは、ビオンに感動的な語りかけをした。

私たちは、新しい技法を学ぶ過程にあるようです。ビオン博士は、海外に渡るとき、彼がまだこの協会のメンバーであって、私たちは彼が戻ってきて、この種の、一連のものの一つであるこうした論文を発表してくれると期待していることを、覚えていると願います。そしてビオン博士の出発は、私たちには途方もなく大きな喪失であり、私たちが彼を忘れないことを、彼はちょっと覚えていなければなりません。

第三論文

崩壊(ブレイクアップ)、破綻(ブレイクダウン)、突破(ブレイクスルー)（一）

W・R・ビオン　一九七五

私は自分の講演の紹介を聞いていて、自分が何を話すのか聞くのを待ちきれないほど、興奮と期待で落ち着かない気持ちになりました。時間が経つにつれ、自分が話をすることにもなっているという、恐ろしいことに気づきました。しかしながら、私は演題にはもう少し付け加えたいと思います。それは、〈侵入するBreak In〉あるいは〈脱出するBreak Out〉です。こうしたものが、どれだけ、あるいはどれほどあるのか、という大きな疑問があります。

私が最初に言いたい点を明確に述べると、それは、**未知の**状況に直面しているとはどのようなことだろうか、というものです。「未知の状況」によって私は、私たちが誰かに初めて会うという状況一般のことを言っています。私はこれを、人が自分から記憶と欲望を剝奪する必要がある状況として考えます――記憶のことを、歴史などの過去形のものや人が学んだことすべて、教えられてきたことや思いついたことなど、人生における経験の蓄積であるあらゆるものと受け取って。すると欲望は、これから起きることについて考えることです。

これらの二つの心の状態はどちらも繰り返し、自己自身と経験や主題の間の、一種の幕を飾り立てるように私には思われます。その幕は私たちにその場で立ちはだかります。もしも特定の先入観を生む記憶があるならば、人は既に自分が聞こうとしている何かの**ことを**待っています。だからそれは、人が選択をしなければならない状況です。しかし選択する際に、あなたは自分が意識し**ない**ものも選択するので、記憶は、それが何であれ、あなたの前に幕を引きます――それは先入観の幕であり、その領域の外にあるどんなものの観察も困難にします。欲望についても同じことが言えます。あなたは自分が何をしたいのか、何を望んでいるのかを考え始めた途端に、そのことに関する考えが邪魔をして、起こっていることに心を開いていることが、ここでもできなくなります。

以上がかなり簡単なことに聞こえることを望みます。しかし実践では、簡単ではありません。この状況――あなたが何に注意を向けるのかを選択するという――には、**制止**も含まれています。もちろん、ある種の先入観を持つことは重要ですが、私たちはそれを捨てることもできなければなりませんし、その制止を疑う何らかの方法を見出すこともできなければなりません。特にそれが硬直化や固定化をしたならばそうです。フロイトは、これらの観念（アイディア）や理論のほとんどが、ある時点では意識にあったことを指摘しています。小さな子供でさえ考え（アイデア）を形成しますし、ある瞬間にその考えを一時的に確信していたとしても、それは大して問題ではありません――その人は自分の考えを変えて、心の流動性の一種を得ることができます。しかし、私たちが「事実」を所有していると感じるときに、問題は起こる可能性があります。私たちがひとたび、私たちは実際に何かを「見る」ことができるし、私たちが「見る」ことができるものは事実であるという考えを持つと、私たちはその考えに**固執**します。するとそれは**先入観**の一種として使われるようになり、それを固定のものとして維持することが、私たちにとって重要な事柄となります。

例えば、私たちが今や知っているように、人間について生物学的な見解を採用することは極めて容易で、私たちは性的衝動に大いに影響される存在である、と解剖学者や生理学者たちからそのような言葉（衝動）を借用するほどです。解剖学や生理学に関する限り、性について語るべきことはほとんどありません。人間は誰もが幼い頃から、いつからか性について知るようになります。私たちが心や性格、パーソナリティと呼ぶことが正当である何かが本当にあるとすれば、私たちの思考作用には困難が生じます。個人の心やパーソナリティの中に、身体的発達に似た性的発達があるとしても、私たちはそれが何であるかをよく知りません。それに対して性的成熟は、私たちが解剖学や生理学について話しているときに意味のある用語です。私はそれが、パーソナリティの型について語るときに意味があるとは思いません。私たちは、この心というものが何であるかを知りません。

歴史的には、心やパーソナリティを脳と結びつけるのには長い時間がかかり、それが思考作用と関連づけられるのには、そのあと非常に長い時間が掛かりました。それらの理論は、もっともらしいものです。あなた方がホメロスやウェルギリウスの著作に描かれた心や性格についての考えを考察すれば、その思考作用の中に入り込んだ独特の信念の印象を得ます——例えば、心やパーソナリティの場が横隔膜にあることです。もしも誰かが情動を、非常に強い感情を示しているならば、息を吐き出す傾向があります。そのすべてが、上下に揺れ動くこのもの［ビオンは胸に触れる］によって生み出されていると仮定するのは、もっともらしいことです。あなた方は、思考作用のその解剖学的説明と思考の中心についてのその解剖学的位置を、当然のことと決めてかかることができます。いつものように、誰かが別の考えを作り出すことは確実であり、明らかな誘惑は、競合する考えを取り除くことです。

個々の人でさえ、新しい考えに場所を提供したりそれを発達させたりすることを嫌います。なぜならそれをすると、前の時にきちんとする**べき**だったと感じるのを、避けられないからです。自分が間違っていたという避けられない発見は、発見するのが恐ろしいものです。また、それには、自分自身の考えが変わるならば、自分がこれまでに解決してきたあらゆる問題がまた始まるという感覚が伴います。なぜならそれらには、自分自身ではないものが自己自身と持つ関係があるからです。(二) これがどれほど混乱させるものになるか、お分かりになるでしょう。

もしも他者が物自体ではなく、自分と同じような他の人であるならば、彼らはある程度までは思考する存在です。そうすると、これらの二人の人がどのように知り合うのかという途方もない理論が出てきます。彼らの考えや言語、表現方法が異なっていると仮定しましょう。彼らの表現方法が、彼らの**考える**仕方にも光を当てると仮定しましょう。例えば、あなた方が分節された表現や思考を用いることに慣れている人を扱っているならば、ほとんどの人はそうしているとあなた方が仮定するのは、十分に自然なことです。しかし、もしもその人は例えば中国人や何百年も前に住んでいた人だと仮定するならば、彼らが同じように考えるだろうと結論できるかどうかは疑問です。誰かが物事を「タオ」流に見て、視覚的イメージに基づいたコミュニケーションの方法を発明したとします。例えば中国人によって表現されている、絵文字すなわちある種の思考やアイデアを巡って描かれた線でできた記号に由来する思考作用の類は——それらは、私たちが分節された論理的思考作用で使う記号や語句と同じような仕方でまとめられていると仮定して正しいでしょうか。非常に多くの誤解は、そうであると単純に仮定して、これらのコミュニケーションをあたかも論理法則や、ほとんどの西洋文化で慣れ親しんでいる文法規則に従っている論理的なコミュニケーションであるかのように翻訳しようとすることによって生じています。

フロイトは一時、ランクの〈出生外傷〉の諸理論を論じました。ランクは自分の理論を、私が示唆した原理に厳密に一致した仕方で発展させました。私たちは一つのアイデアを持っていると、別の物を始めなければならないことを嫌います。ですから私たちが考えた図式を発展させ続ける方が、はるかに良い感じがします。それで蛇口（spicket）[三]から流れ続けます。フロイトが彼の「出生外傷」という考えを見捨てたのに対して、ランクはそれを発展させ続けましたが、その方向性は、私にはあまり実りがあったとは思われません。しかし彼が言ったのは、出生のこの印象的な逗留が、思考作用であれ存在であれ出生前の様式を——彼はそれをこの通りには言っていませんが——出生後の様式から切り離すようだということです。私には、**何かの繰り越し**のようなものがあると想像した方が、私たちが直面していることを理解しやすいように思われることがあります。その何かを何と呼べばいいのか、私には分かりません。〈無意識〉についてのフロイトの考えは、ここではあまり役に立たないようであり、胎児の「思考」や感情には適用できないようです。それは、解剖学の用語で考えれば、つまり、胎児の視孔や聴覚孔について考え、胎児でさえ、子宮内で圧力に曝されるかもしれないと気づくと、更にばかげていると思われるかもしれません。あなた方が指で眼球を押したときに起こることに似たものが、生み出されています。あなた方は光の印象を受け取りますが、それは外部の照明源から来る光の印象とは区別される仕方でです。胎児はある段階で、私が「視覚」と呼ばざるを得ないものを意識するようになる可能性があります。[四] 後には、私たちが「感覚印象」と呼べるものが存在するでしょう。もしも私たちがこの時点で解剖学や生理学の見方に頼るならば、視覚はどの時点で乳児に発達すると言えるでしょうか。人が言うのは、それは発達しない、赤ん坊が物を見るのは生まれてからだということのみです。この分離は、その特殊な「隔膜」すなわち出生前と出生後の特殊な分割にとって、重要なのかもしれません。それは難しい問題ですが、私たち精神分析者にはあまり重要ではありません。なぜなら私たちは話をすることに、そして他の意識のある存在との意識的な関係に注目することに自己限定しているからです。〈意識〉と〈無意識〉の間の分割は価値のある区別ですが、ここでもまた、私たちお喋り好きな人間に非常に有用であるかもしれないものは、〈現実〉が何であれそれとは何の関係もないかもしれません。科学は、私たちにとっては非常に有用です。科学的であるものは、人間の理解の範囲内にあるほんの少しのものです。私たちは夢に似た仕方で、宇宙は私たちの思考能力を要求するような仕方で形成されていると仮定しています(五)。

心あるいはパーソナリティ、性格と呼ばれる現象が、概念ばかりではなく本当に存在し、その心に可能なあらゆる思考が生じて精神分析についての文献を可能にしたと仮定しましょう。それは正しいでしょうか。しかしそうすると、私たちにはまた考慮しなければならないことがあります。私と彼またはは彼女が読むのは、誰でしょうか。あるいは、いつ私と「それ」は読むのでしょうか。それから、あなたと私という問いがあります。それは、私自身の思考に非常に似ていると仮定された何かがあることを、そして考えたり感じたりできる他の人たちは、人が**自己自身である**と考えているものに似ていると想像されることとを意味します。精神分析理論を作り上げること全体は、心のようなものがあることを人は知っているという公理に依拠しています。胎児には――あるいは子供、青年には――心があると仮定してはどうでしょうか。

フロイトは、心の意識系と無意識系の作用様式の区別について理論化しましたが、彼は、人々が睡眠中でさえ無意識のうちに思考しているかもしれないことも顧慮しているようでした。彼は、人が夢を見たと報告したものから一連の理論を発展させました。覚えておく価値があるのは、彼らが夢を報告した時には、私たちは実際には夢自体を知らないということです。「私は昨夜夢を見ました……」と、患者は私たちに言語化された一連の絵画的イメージを伝えます。繰り返して言うと、彼らは私たちに、絵画的イメージの言語**版**(六)を描きます。芸術家ならばそれを絵に描いてくれるかもしれません。

夢を見る人は、睡眠中に自分がしたこの法外な経験を線で囲むことができるように思われます。彼は起きているときにした経験さえ線で囲みます。

芸術家は、誰かの肖像画を描くでしょう。私は、重要人物たちがその肖像画に激怒して破壊的になった例を幾つか知っていますが[七]、彼らが何に怒ったのかは別の問題であり、芸術家が何を考えているのかは別の問題です。もう一つの種類の芸術家である音楽家を例にとると、「私はあなたが言葉で何を言っているのか分かりませんし、私は自分が何を考えているのかをあなたに言葉で言えませんが、ここにバイオリンがあれば、それをあなたに弾いて聴かせることならできます」と言う人に出会うことがあります。その媒体でのコミュニケーションには、記譜法があります。そうした音符を紙に書く人たちは、愛の音楽を合奏〔性交〕します。時折、ピアノが耐えられない人に出会うことがあります。私は、現存する最高の交響楽団の一つだと私が思うものを聴くことに耐えられない人を知っています。私はその音楽が嫌われうるとは思いませんでしたが、私の推測には正当な理由がありません。その人は教養のある人でしたが、演奏会に行くと耐え難いほどの精神的苦痛が与えられうるので、彼はどれにも行けませんでした。似たようなこととして、私は線を引くことにも絵を描くことにも耐えられない人や、自分の肌の近くにあるのが耐え難い色があるために特定の服しか着られない人にも、出会ったことがあります。私は、このような感覚的な印象に広く開かれていることは非常に重要であると感じるようになりました。誰かが自分の見ているものを述べるならば、あなた方は自分の知識を声に出すことができます。それは正しいかもしれないし、正しくないかもしれません。その人が幻覚を見ているとしましょう、そして彼らが、生まれる前には存在していて、誕生時に存在しなくなったと思われるような心の残遺物に近づくことができると仮定しましょう。もしも、その人はまだ胎児の印象に気づくので、これらは心に存在したままの部分を想起させるものであるとしたら、どうでしょうか。

あなた方がその種の何かを怪しむならば、それを理論的に討論することはできますが、面接室では彼らに何と言うでしょうか。そもそも、あなた方は自分が何に気づくことを許容するでしょうか。「そうか、この患者は心の胎児水準について私に話している」と言うのは簡単です。無意味というものが存在して、合理的ではない結合方法があると分かったら、それはとんでもないことでしょうか。数学者たちは、例えば有理数や一種の「文法」についてまで語るとき、このことにもっと寛容なようですが、私には彼らのしていることは直観主義者たちと似ていて、主題の境界を踏み外していると思います。

時にはラジオで演奏会を聴いていても、音楽のことを気に懸けない人がいます。それは、代わりに干渉波に集中しているからです。あなた方は、その人が干渉波への自分の関心の基底にある何か特定のものによって悩まされていることに気づき、視覚的イメージの能力をも見えるものに関連したコミュニケーションの類をも超えた領域を開拓します。人々が歌うという経験について語ることに注意を払えば、彼らが私たちには理解できない情動的経験をしていることは明らかです。私たちは、彼らが単に「才能のある奴」だと結論づけることによって、この違いを処理できます。「彼らは天才だ、気にするな！」そして、私たちは実際にそうしています！　結局のところ、誰が天才の作品をわざわざ読むでしょうか。私がシェイクスピアを読むためにしたように、私たちの中には、大変な苦痛を感じながら、それにおとなしく従わなければならない人もいます。私は、何かがその中にあると思い始めたので、幸運でした。ですから、たとえそうする必要がなくても、そのまま続けることやシェイクスピアを読むことには何らかの意味があります。残念ながらその時までに、私はシェイクスピアが誰であり何をした人なのかについて大量の知識をまるごと受け取っており、自分の帰り道を見つけるためには、そうした知識の形成物を打破する必要がありました。

時には、患者はあなたに会いに来て、「ひどいことがありました、素晴らしいことがありました」と言います。あなた方は医師や精神科医や精神分析者であるならば、それに注意を払うことになっています。彼らは**破綻**（breakdown）と自分で呼ぶような経験をしたのではないかと疑われるかもしれません。あるいは彼らは、「まあ、もう年だから、参って来ているよ（breaking up）」と言うかもしれません。方向性のこの感覚から、おそらくある種の直交座標系の代わりに何かを得られるでしょうか。**入って**来る、**出て**行くなどや「入る」「出る」の他のそのような表現についての、「二重論理」[八]の側面を理解する際に、「座標系」を適用できるような情動的経験は、他の型もあるかもしれません。もちろん私は発見できませんでした。それには私が持っているよりももっと多くの知識を必要としますが、誰かがそれを使用する方法を見出すかもしれません。

赤ん坊が生まれるとき、何が起きるでしょうか。それを始めるのは誰でしょうか。赤ん坊は母親の胎内から脱出する（break out）のでしょうか。赤ん坊はその後、さまざまな形態の思考から脱出するでしょうか。赤ん坊が、何を考えるにせよ考えることに、そして新しい素晴らしいアイデアを見つけることにかなり慣れているとしてみましょう。私は、或る子供が展示会に入ってきて、「ああ、ママ、あのきれいな絵を見て！」と言って、それを指さすと、母親は「まあもう、やめてよ」と答えるのを見たことを覚えています。母親はそんな類のことを子供から聞きたくなかったのです。子供は、そのような考えを持つのはとても愚かであることを学びます。絵ですらない美しい絵、すなわち物自体が、実際には主題です。ですから、それは何かが間違っていて、子供が「無意味なこと」を話しているると言う「理由」は、子供が大人とは違う言葉を話しているならば、いくらでもあります。

そして、そうすると子供は、子供**として**考えられたことがただ無意味だと感じるようになります。この基礎の上に、あなた方は自分自身でかつて自分の持っていた考えを振り返って、それらを否定し、**自分**が知っていたことに対していかなる敬意を持つことも止めることもありえます。あなた方は、自分自身の心に対して敬意と確信を持つことを止めることもありえます――心が「規則」に符合しない仕方で振る舞うときに。その規則は、大人として敬意を持つことを学んだものです。

発達のさまざまな段階――潜伏期、思春期など――に到達する際に、私たちが「中に入って」それから「嵌まり込み」、出られないと言われるような、大まかに定義された心の状態があります。どの時点で思考の極端な硬直性は、未踏査のアイデアへと向かうことができる心の状態に変化するでしょうか。夢の状態では、これらを区別することができます。それは科学的思考でも宗教的思考でも、可能になりえます。しかしながら、アイデアの間でできるあらゆる区別に、それに対応するものが現実にあるわけではありません。その境界線を引くことはいつもできることではありませんし、時には私たちの言えることは、私たちが知らないものを許容することは、役立つということのみです——つまり無知であることに耐えられることです。私は、これがいつも可能であると確信はしていません。

私たちはいつも、単純であまり多くの思考を必要とせず、したがって私たちがしたいことをあまり妨害しない説明を、思いつくことができます。これは、私のものを含む理論にも当てはまることであり、あなた方は一つの理論に固執して、それがあなた方に破れない一種の殻になることがありえます。殻は、とても傷つきやすく脆弱でありうるので、あなた方はいつも、破綻か脱出か何かを起こさないかと恐れます。なぜなら、結局のところ殻は私たちの一部であり、私は自分の中に現れつつある、脱出することや突破することを許されている何らかの変化や何かに、反対するからです。私たちは何らかの教義を見出して、それが破綻したり破れたりする可能性がないほど硬い殻を得るように、殻のその状態を強化するのに役立つことを願っています。しかしもちろん、それは何らかのアイデアを持つ衝動を犠牲にしてのことです。もしあなた方が自分に、どんなアイデアであれ持つことを許容しようとするのならば、自由に表現できて、出て来るあらゆる思考や感情、アイデアを受容する可能性を保持することが重要でしょう。そして、私たちがそのような状態で、それを奨励しようとしない他の人たちと接触しているならば、それは**高くつく**ことも確かです。

原注

（一）一九七五年十二月九日にロサンゼルスの〈組織における指導力と権威のための研究センター〉（SCOLA）で行なわれた講演と、それに続くそのメンバーたちとの討論。その際に行なわれたテープ録音からの転写。著作権Ⓒ二〇一四は、W・R・ビオン・エステートによる。パターソン・マーシュ有限会社とフランチェスカ・ビオンの許可で出版

（二）ビオンは最後の論文「悪条件下で最善を尽くすことMaking the Best of a Bad Job」（一九七九）の中で、これに立ち返ることになった。彼は、「私がこの文脈で『科学的』と言うとき、私は、現実化（認識）の過程を意味しており、それは同じ概念のもう一方の『極』にある過程と対照的である。もう一方の極とは理想 - 化であり、すなわち世界・物・人は、私たちがそれを理想化することによって私たちのその人や物の知覚を変えない限り、適切ではないという感覚である」と書いた。現実 - 化は、私たちが自分の言明によって提示する理想的な像が不適切だと感じるときに、同じことをしている。**だから私たちは、〈自己〉と〈自己〉とのコミュニケーションの方法が何であるのかを考えなければならない**」と書いた（強調は追加［編者注］）。

（三）蛇口のこと。

（四）ここでビオンは、早期の構造が後の機能を「先取り」することを考えている。

（五）ここでビオンは、ハイゼンベルクの言明を念頭に置いていた。「既存の科学的概念は常に現実のごく限られた部分にしか該当せず、まだ理解されていない他の部分は無限である。私たちは、私たちが観察しているのは自然自体ではなく、私たちの問いかけの方法に晒された自然であることを忘れてはならない」。

（六）彼の一九六五年の著書『変形：学ぶことから成長への変化』の冒頭で、ビオンは――この絵画的表象の文脈で、変形の概念を導入した。彼はウィトゲンシュタインとラッセルの初期の仕事を利用していた［編者注］。

（七）ビオンはウィンストン・チャーチル卿を指しているが、ビオンは彼が、グラハム・サザーランドによって描かれた肖像画が彼について露わにしたものに強い心痛を覚えたと信じていた。（歴史的には、これらの出来事について

は矛盾した諸見解がある。）［編者注］

（八）イグナチオ・マッテ＝ブランコ（Ignacio Matte-Blanco, 1975）の著作『無限集合としての無意識：二重論理の試論』ロンドン、ダックワース。改訂版：ロンドン、カルナック、一九九八への言及［編者注］。

編者後記

この論文は、一九七五年十二月九日にロサンゼルスの、〈組織的リーダーシップと権威のための研究センター〉（SCOLA）のメンバーを対象に、発表用原稿なしの講演として行なわれ、続いて討論がなされた。これはその際の録音記録から書き起こされたものである。

ビオンはこの論文に含まれているアイデアの一部に、アメリカやブラジル、アルゼンチンでのスーパーヴィジョン、講義と討論、セミナーなどで言及することがあった。それについて彼が語る仕方から、多くの人がこれを完成した論文だとはっきりと信じていたが、ビオンは書いたことがなかった。それは書き写された音声の記録として残っており、準備のための覚書は見つかっていない。彼が自分の話の中心となるアイデアを大切にしていたのは本当だと思われるが、そのアイデアを出版可能な論文にはまとめなかった。

私は『W・R・ビオン全集』のテクストを準備するにあたり、編者として編集顧問のフランチェスカ・ビオンとともに、この論文を含めないと決断した。私たちは、それを出版可能な水準にするためには、まだ非常に多くの作業が残っており、それが試みられることになったら、著作が完全に彼自身のものではなくなるだろうと感じたからである。全集は書き起こされた講義や講演ばかりでなく幾つかの不完全なテクスト（しかし概して高い方の水準にある文章）を含んでおり、その企画を完成させた経験から私は、この論文をその編集経験を踏まえて見直す立場にいると感じた。このテクストを、ビオンが論文の背後にあるアイデアに言及している記録された諸例と比較することは、全集全体のデジタル化版を有することによって可能となった課題であり、それも助けとなった。

また、私はこの論文を再読することで、ビオンの精神分析的態度において強調が移動していることを、より深く理解するようになった。彼はそれを、『変形』（一九六五）で叙述した。伝統的に、精神分析は洞察という目標を強調してきた――それは知ることの一形態である。ビオンは『変形』において、いかに解釈の仕事が知ることから〈存在すること〉への移行をもたらす可能性があるかを理論化した。彼は書いた。

我々が精神分析者としてパーソナリティの現実に関わる時、「汝自身を知り、受容し、汝自身となれ」という勧告よりも多くのものが賭けられている。なぜなら、精神分析的な手続きには、この勧告が精神分析的経験なしでは実行に移されえないという考えが含意されているからである。問題点は、「現象」を「知ること」から、「現実的（リアル）」である「存在」に、どのように移行するかである。［……］精神分析的な解釈を通じて、現実の自己の現象を知ることから、現実の自己であることへの移行をもたらすことは可能だろうか。

W・R・ビオン『変形』一九六五、一四八頁：（二〇一四）全集五巻二五九頁

彼は実存的な観点から、私たちが面接室で出会う現象は、彼が「Kにおける変形」と呼んだものによって到達される知識の諸側面だと主張した。それに対して、患者の現実は「なられる」ので、心の**成長**を促進するためには、精神分析的な解釈は、知識の増加を超えて進まなければならない。ビオンは多くの同僚が患者の存在することとなりつつあることに注意を向けることを、精神分析の重要な部分とは思わないことを理解していたが、彼はこの領域における解釈の仕事の可能性を探究したいと考えていた。彼は、精神分析**について**知ることと**分析を受ける**ことの間の溝を、そしてそれに対応する、自己について知ることと現実であることとの間の亀裂を埋めようとした。

私の考えでは、ビオンのこの後者の構想こそ、彼の死後にこの論文を、その仕事の二つの主要な筋――知ることと存在することという構成成分――とどうそれらが共にあるかを明確にする後記を付けて出版できるようにする編集作業を正当化する。

講演では、ビオンが「**ブレイク**」という主題に入ってそれを（その題にあるように）**方向性**の変奏に従わせる前に、聴き手をかなりの間待たせたことは明らかである。私はこれを、彼の実存的な主題であり、彼自身の人生の大きな外傷的な出来事との関係で即時性と力を持つものであると見做す。彼はまた、脳の系統に関するアイデアを組み込んで、自己や心の**存在**についての根本的な問いを論じている。

私が想像できるのは——推測にはなるが——ビオンがこの話を論文にすることを躊躇したのは、一部にはその主題が、最初は七歳の時に大陸によって両親そしてインドに残った愛するアーヤ〔乳母〕から分かたれ、後に第一次世界大戦中に北フランスで戦った青年として経験した、彼自身の実存的不安の源に密接に関係していたからかもしれないということである。それが事実かどうかは別として、彼は論文全体を通して実存的な不安への、そして彼の作品のすべてにおいて未知のものへの結びつきを保持している。彼は時折、既知のものへの注意を一時停止するように自分で何度も勧告しているにもかかわらず、フロイト・セックス・脳という形のある細目の中で、ことによると一休みしているように見える。結局彼は、自己やパーソナリティという考えのより抽象的な領域を掘り下げていく。彼は、『反古草紙 Texts for Nothing』の中で「……もしも私がなれるとしたら、誰になるだろう、もしも私の声があるとしたら、何と言うだろう、誰がこれを言うのか、私だと言いながら」と書いたサミュエル・ベケットによって提起された、実存的な問いのようなものを問いかけている。一九三〇年代にベケットのサイコセラピストだったビオンも同じように、「もしも私が自分自身を定義したものと同じ考えをもはや持たないとしたら、私は何者なのか」と問いかけている。彼が「自己自身ではないもの」や「物それ自体」などの言葉を使うとき、彼は揺るぎなく、〈存在〉の様式についての実存的な考えの領域にいる。

ビオンはその感情について、こう書いている。

もしも自分自身の考えが変わるならば、自分がこれまでに解決してきたあらゆる問題がまた始まります。なぜならそれらには、自分自身ではないものが自己自身と持つ関係があるからです。これがどれほど混乱させるものになるか、お分かりになるでしょう［……］もしも他者が物自体ではなく、自分と同じような他の人であるならば、彼らはある程度までは思考する存在です。そうすると、これらの二人の人がどのように知り合うのかという途方もない理論が出てきます。

〔本書六四頁〕

この時点で彼は、サルトル流に言えば、自分自身の実存的な無と描写しうるものに、深く触れているように見える。彼は、自分が経験に基づいて構築してきた自己が、世界を違った形で経験するときには、もはや同じ自己ではなくなるという認識を、それに伴う苦悩とともに表現している。ビオンは、彼を暴力的に襲うこの認識の掻き乱す情動を表現しており、物ではなく存在である他者との交流の経験による衝撃についての理解も、その認識と同様である。

それからビオンは、何であろうと**所与**として信頼できることに関わる不安を叙述する――言語・象徴・意味はどれも脱構築の対象であり、同一の現象を全く異なって経験する二人の人間にとっては、自分の感覚的経験さえ頼りにできないものにする。これらの文章に続いてビオンの焦点は、出生前の経験と絶対的な未知のものへと移り、彼は再び具象的なものへと向かうように思われる。彼に属する感覚的印象が、胎内で彼が経験したものに戻るという考え――感覚的印象は、無であることへの彼の不安を鎮める本質の探究を構成していると思われる――彼の破綻の恐怖は、この時点で彼は或る真実――彼自身の実存的な無の真実に触れているので、現実的(リアル)である(一)。おそらく、これらの掻き乱す真実に近づく際にビオンは、自分が精神分析自体を、防衛的な「第2行」言明(二)と彼が呼んだと思われるものとして用いていることに気づいた。それは、事態がそこに留まるにはあまりにも耐え難い時点で、彼が「それは私たち精神分析者にはあまり重要ではありません」と言うときである。しかし興味深いことに、彼は不確実性に立ち戻らずにはいられず、文学を持ち込むときには、彼はテクストには固定された本質的な意味がないと見做す脱構築主義者やポスト構造主義の思考に非常に近いように思われる。彼は貝殻の類比を用いることで、私たちを人生で脆くて壊れやすいものに戻し、私たち特有の形ある恐怖ばかりでなく、完全に頼りにできる自己を持っていないという不安にも触れさせている。

講演の終わり近くでビオンは、ブレイクの**方向性**について論じている。方向性の重要性は、一九六七年の秋に発表された論文「負の能力」の元の口頭発表版の重要な主題だった。彼の要点は、どんな慣れ親しんだ語り、すなわち出来事の「自然な」連鎖に見えるかもしれないものでも、私たちは偏見のない、平等に漂う態度を、特に心的現実において生起しつつある出来事の潜在的な**方向**に対して、取る必要があるということだった。

一九七七年、彼はイタリアで、セミナーグループに向かって言った。

始められた情動的乱流には、何らかの結果があります。なぜなら、私たちが通常あまり注意を払わず、気づいていないあらゆる種類の要素が、かき混ぜられて表面に投げ出されるからです。それらはしばしば目に付くので、私たちは名づけます――私はそれを、「崩壊（ブレイクアップ）、破綻（ブレイクダウン）、突破（ブレイクスルー）」についての講演で要約しようとしました。私は、「自分の好きに前置詞を選んで」と言いそうなくらいでした。しかし、私たちは分析者として、これらの単語を注意深く使うべきです。私たちは「破綻」や「崩壊」について語ろうとするのであれば、少なくとも自分の心の中では、どの座標系によってブレイクの方向性を測っているのかを明確にしましょう。

これはほとんど気さくに述べられたが、読者はこれらの言い回しがビオンにとって、彼の人生経験から見て極めて重要な意味を持つことに気づくべきである。彼は、崩壊する・破綻する・突破する・勃発・脱出する・侵入するといった関連した用語によって示唆される類比に、心を奪われた。彼が言うように、デビッド・ヒュームの用語を使うと、異なる用語は異なる常時連接を表した。それらの多くには、精神分析的または精神医学的な関連性があった。破局的変化と破局的不安に対する彼の関心もまた、彼の話題の方向づけで役割を果たしていたようであり、「内」と「外」、「中へ」と「外に」という言葉における方向性の重要性についての彼の感情もそうである。それらは、取入れと投影同一化への彼のクライン派のアプローチや、よく知られている彼が投影同一化を不安と対象関係のための心的**容器**の見地から拡張したことによって可能となった研究の影響を受けていた。

興味深いことに、ビオンが**突破**（ブレイキングスルー）という概念に初めて言及したのは、自分自身に関わっていた。

この概念は、彼の後期の思考という点から重要なものであり、彼の自伝的著作[三]の中の感動的な一節にも登場する。

> ハミルトン夫人とローズ夫人は、それぞれ違う形ながら、ともに私のプレップスクール最終年を、今思うと**私を閉じ込めていた苦悩の耐えがたい外骨格を打ち破り始める**転機の一年にする手助けをしてくれた。私は両親には会わなかった。ハーストは、彼自身が私たちには癒せない苦悩を抱えていて、それゆえ近寄り難く、ミス・ワイブラウはハーストの不幸な状況を自らの野心のはけ口にしようとし、またフレディ・セクストンのような人好きのする生徒をえこひいきしていた。私には、プレップスクールが〈冬〉だとしたら、ハミルトン夫人の人柄は〈春〉のように感じられたに違いない。［強調追加］
>
> 〔立川水絵訳『長い週末　一八九七年から一九一九年　或る人生の一部』福村出版、近刊〕

ハミルトン夫人は、当時のビオンの二人の友人のうちの一人の母親だった。ビオン自身の母親はインドにいて、彼はほとんど会わなかった。ハミルトン夫人は明らかに温かい母性の女性であり、若き日のビオンが彼女に幾分恋をしたことは明らかである。彼は、「彼女は我が子の努力の成果を見ると、この上なく魅力的で美しい笑い声をたてた」と書いた。ビオンはここではっきりと自分自身を表現している。彼は、「苦悩の外骨格」と彼が呼ぶものを打破できるために、自分が母性的な人からの助けを必要としてきたことを知っている。彼はそれを、一部には両親からの長引いた分離に関連づけている。その記述でビオンは、それらの外部の人物たちが、それぞれのさまざまな理由から、彼にとって助けとなる容器になれなかったことを記しているが、ハミルトン夫人は情動的に応えられる人であり、彼はその良好な関係を利用することができた。この助けは彼に、彼の抑うつの情動的な〈冬〉から生気を取り戻す〈春〉を提供している。彼の記述を取り巻く文脈から、彼の内側の状態が母性的な存在に関して復活を遂げたばかりでなく、彼がカップルの良い内的バージョンとの再会も感じていたことが明らかである。ビオンは後に、外骨格の概念を自分の仕事の中で利用することになった。

脱出する（breaking out）や突破する（breaking through）は、第一次世界大戦で戦った若い兵士としての戦争経験からビオンに焼き付けられた言葉である。彼は、敵の戦線を突破する兵士や、激しい交戦から脱出することに、何度も言及している。例えば、『長い週末』では：

> 敵は、どんな犠牲を払ってでも**突破する**構えだと聞いている。敵と、三〇から四〇マイル後方にある海との間には、お前らとあの歩兵の一団しかいない。後退に関する命令はない。後退は計画にないからな。持ちこたえろ――もちろん、死ななければだが……（『長い週末』戦争篇第二二章）
>
> 塹壕網全体が**暴れ**出し、大小とりどりの土の塊になって**宙を舞った**。無知な私は、敵の夜襲が始まったのだと思った――そして、自分の無知の範囲において、私は正しかった。（同第二三章）

〔同〕

そして最後に、戦争に関して、ビオンの『戦争回想録』にはこう書かれている。

「彼は非常に調子がいい」とカーターは言った。「彼はいよいよ〈**その時**〉が来た、我々が突破して戦争を終わらせる、とかなり確信している」。「ああ、そうだな」ハウザーは苦々しげに言った。「この戦争は、前の戦争のように、戦争を終わらせるための戦争だ。そしてその次の戦争は、この戦争のように、戦争を終わらせるための戦争だ、と無限に続くだろう。そしてあらゆる突破は当然ながら、すべてのものをもちろん突破する、最終手段としての突破だ」。

ビオンは一九四三年の論文「神経の戦争」の中で、自分が生き残れるか不安に襲われた民間人の士気の消滅について書いた。

ここでも、裕福な人々の間で仲間が集まると、それは何らかの意味で彼らに指導力を期待している**市民集団での士気の消滅**（break-up）に、すぐに反映するだろう。これは、どの空襲警報地区でも当局が派閥に分かれていると感じられたならば、特に目立つだろう。当局が部下のことを分かっていないと感じられるならば、士気は悪化する可能性がある。

W・R・ビオン（二〇一四）全集四巻二〇頁

ビオンは一九五〇年代そして一九六〇年代初めに、精神病状態にある患者たちを扱っていた。彼は、患者が恐れる予期された精神破綻への多くの言及は、既に起きた破綻状況がその基底にあることを示唆していると気づいた。彼はまた幾人かで、彼らの破綻過程は、同じセッションの中で非常に凝縮された一連の連想として伝えられることがあるのを観察した。ビオンは破綻のそうした凝縮された伝達の例を挙げて、こう書いた。

> 私がこの例を選んだのは、第一にそこに至るまでに何年も要した「破綻」の全体を、患者が幾つかの連想へと圧縮していく仕方について、よく分からせてくれるからである。彼が多大な抵抗を動員した経験は今や、比較的に容易に切り抜けられている。それは、いかに抑うつポジションが妄想分裂ポジションからの逃避として用いられうるかを、またその逆もありうることを示している。そしてそれは、これらの変化において言語的思考の統合と解体が果たす役割を示している。
>
> 〔W・R・ビオン「言語と統合失調症者」（一九五五）〕

彼の覚書――破綻（ブレイクダウン）、突破（ブレイクスルー）などについての覚書（彼はスーパーヴィジョンの中では、この論文に何度も言及した）――への、公刊された二つの具体的なビオンの言及場面に移る前に、破綻することへの最後の、そして非常に重要な彼の言及箇所について触れておきたい。これは彼の論文「思考作用の理論」（一九六七、一一六頁）に出てくるもので、そこで彼は、乳児や小さい子供の不安を受け入れて情動的に包容する母親の能力の破綻が彼らに与える深刻な精神的影響を述べている。言い換えれば、彼が**夢想**と名づけたものの能力の破綻である。

母親の夢想の能力の破綻によって完了せずに残された課題は、萌芽段階の意識に課せられる。それらはすべて、程度の違いはあるが相関関係の機能と関連している。萌芽段階の意識は、課せられたその重荷に耐えられない。投影同一化を拒否する対象が内的に確立されることは、幼児は理解する対象の代わりに、故意に誤解する対象と過ごすことを意味する――そして乳児はそれと同一化する。さらには、その心的性質は、早熟で脆弱な意識によって知覚される。

この一節は、精神分析と心理療法の日々の実践の中で、多くの扱い難く見たところ手に負えない状況を理解することにとって、最大の重要性がある。ここから更に進みたい読者にとっては、彼の一九五九年の論文「結合作用への攻撃」の「正常な程度の投影同一化の否認」という副題の付いた一節の中に、関連する議論がある。子供との容器 - 内容（♀♂）関係に入る母親の能力や意欲の破綻は、思いもよらない度合いの精神的破局を促進し形成する。そこには、心的構造と結合および象徴を作る能力の**崩壊**、思考し伝達する能力の**破綻**そして新たに形成された害を与える対象の、傷ついた自我への**突破**がある。そうした対象は、投影された乳児の苦しむ自己を耐えられるものに変換することを拒む対象を意識する結果として起こる。

引喩の多い彼の精神分析的小説『未来の回想録』では、ビオンに集められた登場人物たちが次のような会話をしている。

p.a.（精神分析者）：いかなる文化も文明も、人や人々の一時的に露呈している特性も、予期しないものによって貫かれ置き換えられることを免れません。動物は、地震の前兆に気づくと言われています。人間は、情動的な激変が迫っていることに敏感です。

アリス：あなたは、自分が狂ってしまうのではないか、破綻してしまうのではないかと恐れている人たちのことを言っていますか？

ローランド：崩壊（ブレイクアップ）する、破綻（ダウン）する、侵入（イン）する、脱出（アウト）する、突破（スルー）する？

p.a.：ええ、ただ私は、人間という動物として、宇宙の激変の影響下にあることについて考えていましたが……。

マーサ・ハリスはこの一節を引用して、破局的不安の「崩壊、破綻、突破」に次のように言及した。

それはビオンが、情動的乱流・動揺・宇宙的激変という用語で指しているものである。

私たちの中で子どもの分析の経験がいくらかあり、子育ての経験さえある人たちは、彼らの隠された自己との強烈過ぎる出会いは、記憶錯誤によって回避される可能性があることに気づいているかもしれません。それは彼が、「**証拠について**」(ビオン、一九七六)という論文の中で述べている通りです。患者の中には、破局的変化(ビオン、一九九一、五三九頁)の「崩壊、破綻、突破」という不快な経験を避けることに成功する人たちがいます。そういう人との分析では、分析的な出会いの出来の悪い模倣を続けることへと誘惑されるかもしれません。そこでは、無媒介の経験の真実は回避されています。

〔M・ハリス「精神分析的態度についてのビオンの概念化」(一九八〇)〕

おそらく、ビオンがこの論文を完成させて発表しなかったのは、それが近過ぎたからである。彼はそこに戻るたびに、彼自身の外傷的な不安と子供時代の苦痛が破れ出て来る危険を冒していたと考えられると思う。彼の自伝的著作や家族への手紙、戦争回想録を読んだことのある人たちにとっては、この論文の主題の中にある苦痛の個人的核心が、最後の四段落にベケットのようなリズムとともに感じ取られる。この印象は、先の議論の後に突然現れたときに、青天の霹靂のように湧いて来る。よく読むと、私はそれらの先立つ文章には、ビオンが自認していた主題、すなわちさまざまな方向への割れることの、深く実存的な諸要素が含まれていると感じる。それらは、傷ばかりでなく変化と成長の可能性をほのめかしている。

原注

（一）ビオンは、これらにほぼ沿ったことを、一九六五年の著書『変形：学ぶことから成長への変化』の中で書いていた。そこで彼は、Tからの移行を促す変形（K→O）から生じるように感じられる、切迫した乱流への抵抗について書いている。

（二）「もしもそれがどちらかというと第2列のカテゴリーに入るように思われるならば、その言明は、偽りと知られてはいるが、それに代わるかもしれない感情や考えに対する防衛的な障壁として作用する理論を患者に提供していることを意味するだろう」（ビオン、一九六三『精神分析の要素』第十五章）。

（三）『長い週末』第六章。

文献

Bion, W. R. (1967). Notes on Memory and Desire. Psychoanalytic Forum, 2: 272–723, 279–280. Reprinted in: Cogitations (pp. 380–385), ed. F. Bion. London: Karnac, 1994.

Bion, W. R. (1970). Attention and Interpretation: A Scientific Approach to Insight in Psycho-Analysis and Groups. London: Karnac Books.　福本修／平井正三訳「注意と解釈」『精神分析の方法Ⅱ〈セブン・サーヴァンツ〉』法政大学出版局、二〇〇二

Bion, W. R., (1985). All My Sins Remembered: Another Part of a Life & The Other Side of Genius: Family Letters. London: Karnac Books.　圭室元子訳『我が罪を唱えさせよ　人生のもう一つの部分』福村出版、近刊

Bion Talamo, P. (1981). Ps ⇄ D. Rivista di Psicoanalisi 27: 626–628.

Braithwaite, R. B. (1955). Scientific Explanation. Cambridge: Cambridge University Press.

Caper, R. (1998). Review of: The Clinical Thinking of Wilfred Bion. Symington J., and Symington, N. (1996). Int. J. Psycho-Anal., 79: 417–420.

Freud, S. (1900). The Interpretation of Dreams. The Standard Edition of the Complete Psychological Works of Sigmund Freud, Volume IV. London: Penguin Vintage Classics, 2001.

Green, A. (1992). Review of Cogitations by Wilfred R. Bion, Int. J. Psycho-Anal., 73: 585–589.

Heisenberg, W. (1958). Physics and Philosophy: The Revolution in Modern Science. Lectures delivered at

University of St. Andrews, Scotland, Winter 1955–56.

Kavanaugh, K., & Rodriguez, O. (Trans.) (1964). The Collected Works of St. John of the Cross. New York: Doubleday.

Keats, J. (1817). Letter to George and Thomas Keats, 21st December 1817, Letters of John Keats, Boston: Harvard University Press, 1958.

Solms, M. (1997). What is Consciousness?; J. Amer. Psa. Association, 45: 681–778.

『W・R・ビオンの三論文』補遺——あとがきに代えて

福本　修

はじめに

本書は、“Three Papers of W. R. Bion” Edited by Chris Mawson, Routledge, 2018. の全訳である。タイトル通りビオンの三つの講演記録を収録し、それぞれに編者のクリス・モーソン（一九五三―二〇二〇）がかなり長めの、これまで知られていなかった重要な資料も交えて解説を付けている。訳出に当たり、編者注は［　］のまま、訳者注は〔　〕で示した。また、原書のイタリックはゴシックで、大文字で始まる場合、〈記憶〉（Memory）のように表記した。

最初の「記憶と欲望」（一九六五）は、『W・R・ビオン全集』（二〇一四）が初出だが、それはこれまで全十六巻一括でしか入手できなかったので、この機会に初めて目にする読者も少なくないだろう。「負の能力」（一九六七）は、後期のビオンがさまざまなところで触れているキーツに依拠した「負の能力」概念を、まとめて論じたものである。この二本は、どちらも英国精神分析協会の定例学術集会で発表されていて、密接な関連がある。それを「後期ビオン」の始まりとして捉えるのが最も適切なことかどうかは別として、それまでの論文や書籍で示されてきたビオンのアプローチと異質なものを含んでいることは確かである。それに対して最後の「崩壊（ブレイクアップ）、破綻（ブレイクダウン）、突破（ブレイクスルー）」は、彼がイギリスを離れて約十年後の一九七六年にロサンゼルスで発表されたほぼ晩年のもので、いつもの原稿を読まずに語るスタイルを採っている。既に論文化されているかのようにその名は知られていたが、実際に広く読者に公開されるのは、初めてである。アグアヨ（Aguayo）は『W・R・ビオン全集』の書評で、漏れている例として、『ロサンゼルス・セミナー』およびこの講演を挙げていた。

ただ、編者が書いているように、初出の二つが『W・R・ビオン全集』から除外されていたことには理由があって、そのままではまとまりが悪く、公刊に耐えないと判断されていたからである。ビオンの生前から原稿の整理に協力し、没後はメモと録音記録段階のものの編集を一身で行なってきたフランチェスカ・ビオン未亡人（一九九二―二〇一五）は、『W・R・ビオン全集』の刊行後に亡くなった。彼女を編集顧問としてその編集を行なった本書の編者クリス・モーソンは、誤植疑いの点を尋ねると、「次に直すよ」と気さくに応じてくれたが、二〇二〇年秋に急逝している。その意味で、本書は二人が関わる最後のビオンの本である。この先、ビオンの講演記録が活字化されることがあっても、同じ質の編集を期待してよいのか分からない。本当は、音源ごと公開してくれるのが、一番興味深いだろう。

本書に戻ると、ビオン自身の論考は全体の半分程度である。冒頭ではブリトンが、より俯瞰的に科学史・科学哲学的な観点から、ビオンの問題設定とハイゼンベルクの「不確定性原理」との類縁性を説いている。ハイゼンベルクは、『変形』で観察や因果関係の問題との関連から参照されていたが、そこで科学史全体に位置付ける読み方をするのは困難である。続くモーソンの「序論」は、各論文が発表された時の文脈を紹介している。そしてそれぞれには「編者後記」が付き、その背景と意義を論じている。

このように本書で提示されているロンドンクライン派およびイギリス経験論からの観点は、イギリスでのビオン理解の基本だと思われる。ビオンは今も精神分析で最も注目されている一人であり、世界中のさまざまな観点から注目され論じられている。ビオンを紹介する役の訳者としては、若干の調べ物をして、いくつかの補足で締め括るとしたい。

記憶と欲望を巡る考察

本書収録の講演は、『変形』が出版された一九六五年に行なわれている。しかしながら興味深いことに『変形』には、ここで述べられているような意味合いでは、「記憶」も「欲望」も、一回も出て来ないのである。四部作でそれらが主題として論じられるようになるのは、『注意と解釈』（一九七〇）第三章「感覚的現実と心的現実」以降である。逆に『変形』では頻出するグリッドにはごく簡単に触れ、その後半で登場するOやマイナスKは、この講演では全く論じていない。その理由として考えられるのは、グリッドについては一九六三年に同じ聞き手に講演していることである。それは一冊前の『精神分析の要素』（一九六三）に沿っている。またOやKは、大人数を前にして口頭で説明するのに馴染まないように思われる。今この講演を読むと、話をそこまで進めるのを敢えて控えているようでもある。

モーソンは後記で、この講演は拒否反応を引き起こしたと書いている。彼はその分かり難さを鑑みて、幾つかのコンテクストを提供した。その一つは、フロイトがルー・アンドレアス゠ザロメに充てて書いた、「あらゆるものを放棄して、自分自身を人為的に盲目にしなければならない」という表現である。この講演は、特に記憶と欲望を放棄すべき理由を述べている。また、モーソンは「負の能力（ネガティブ・ケイパビリティ）」との密接な関連性を書いている。これは次項で見よう。

もう一つ重要なのは、記憶と欲望の出典の一つと考えられる「十字架の聖ヨハネ」の指摘である。「十字架の聖ヨハネ」の一節は、既に『変形』で引用されていた。

最初のもの（魂の夜）は、魂が全身を始める点と関わりがある。なぜなら魂は、それが所有していたあらゆる世間的なものに対する欲望を、それらを自らに与えないことによって、徐々に自分から奪わなければならないからである。…（『変形』第十二章）。

ここでは欲望だが、モーソンが確認したビオンの付箋の箇所は、記憶を直接扱っている。「（五感を含む）あらゆる形態に関わる記憶の消滅は、絶対的な要件である。…」。ビオンが神秘主義に陥ったと見做すのは誤解として、この実践の狙うところは、分析者が自分自身に課す、「記憶と欲望を避ける積極的な訓練」（『注意と解釈』）に酷似している。尤も、その目的は「Oが進展できる心の状態への準備」（同）にあり、特定の宗教の世界観に即したものではない。

断定調と言われている『精神分析フォーラム』版（一九六七秋）は、ビオンの三ページほどの論文とそれへの五人の討論、そしてビオンの応答からなり、原稿依頼から受理までの期間を考えると、ビオンが書いたのは、一九六六年かもしれない。全体は『ロサンゼルス・セミナーとスーパービジョン』に含まれている。断定調の一部を紹介すると：

以下の諸規則に従うこと。

1. **記憶**：過ぎたセッションを思い出さないこと。話されたことや行なわれたことを「思い出そう」とする衝動が強いほど、それに抵抗する必要性は大きい。この衝動は、何か起きたことを思い出したい願望として現れる可能性がある。なぜなら、それが情動的な危機を結実させたように見えるからである。だがどのような危機も、この規則を破ることは許されるべきではない。その仮定上の出来事が心を占めるのを、許容してはならない。さもなければセッションの進展は、観察可能な唯一のとき――すなわちそれが生じているときに、観察されないことになるだろう。

2. **欲望**：精神分析者は、セッション（や週・学期）の近づいてくる終わりに対する、いかなる欲望も避けることから始めることができる。結果や「治癒」に対する欲望、あるいは理解することに対する欲望さえ、増えることを許されてはならない。

これらの規則には、単にセッションの間ばかりでなく、いつも従わなければならない。やがて精神分析者は、記憶と欲望の圧力にもっと気づくようになり、より巧みにそれらを避けるようになるだろう。

この訓練が続けられるならば、はじめは精神分析者の中で不安が増大するだろうが、それが規則の保持を妨げてはならない。この手順はただちに始められるべきであり、どんな口実でも放棄されるべきではない。

分析のパターンは変化するだろう。大まかに言って、一定期間、患者は発達しないように見えるだろうが、各セッションはそれ自体で完結するだろう。「進歩」は、どのセッションにも見られる気分や考え（アイディア）・態度の増加した数と種類によって測られるだろう。消えてしまって当然の素材の反復によるセッションの滞りは、少なくなるだろう。そして結果として、どのセッションでも各セッションの中でテンポは速まるだろう。

精神分析者は、どのセッションでもその患者にかつて会ったことがないと感じるような心の状態を達成することを、目指すべきである。もしも彼が、会ったことがあると感じるならば、誤った患者を治療している。

この手順は、極めて深く貫くものである。だから、精神分析者は記憶と欲望の安定した排除を目指さなければならず、結果が当初驚かせるものに見えても、動揺し過ぎてはならない。彼はそれに慣れるだろう。そして自分の精神分析技法を、進展を直観している確固とした基礎の上に築いている安らぎを得るだろう。不完全に思い出された僅かな経験で神経学的には心的能力のある種の衰退に過ぎない経験にすぐに取って代わられる、流砂の上にではなく。進展しているセッションは紛れのないものであり、それを直観することは劣化しない。機会を与えられれば、それは早く始まり、衰えは遅い。

ここでの「訓練（discipline）」は、修行に近い響きがある。

モーソンがこの講演について書くのは、『W・R・ビオン全集』での「序論」に続いて二回目である。冒頭でのプルーストからの引用を含めて基本的に同じだが、『ビオンの三論文』版は、「破局的変化」（一九六六）の「序論」として『全集』に書かれたものの大半を取り込んでいる。以下は、再録に際して省かれた、エリオット・ジャックスによる討論である。

私は一点だけ述べたいと思います。それは、ビオン博士が私たちに今夜話したことから、解釈の仕事にとって引き出すことができる推論があると思う、ということです――すなわち、彼が言っていることの意義は、分析者がある特定の瞬間に患者と患者が言葉で表すことの本質を把握し認識する能力は内容と容器の間のさまざまな関係の関数であるということです。だから正しい解釈は、いわば、ビオン博士の用語では、解釈に先立つ瞬間に共生的関係が付き物であることでしょう。そして私がこれをビオン博士と議論したときに彼が指摘したように、解釈の後の瞬間にも共生関係がつきものです。その結果、分析者といる患者は、大いに成長することができます。分析者がこれをどのように行なうか、これを行なう技術をより効果的に身につけられるかは、非常に重要な研究となるでしょう。メルツァー博士の指摘への答えとしてビオン博士は、人がこのことを学ぶのは、逆説的だが、既知のものと未知のものの間のつながりを事前に理解しようとするのを放棄することによってのみだ、と言っていないだろうか、と思います。

「破局的変化」は、後に加筆修正されて、『注意と解釈』第十二章「変形された容器と内容」となる。モーソンがジャックスの発言をここでは省略したのは、容器と内容との関連性の方が強く認められるからだろう。逆にそのことは、これらがどれも同じ問題圏に属していることを示している。

負の能力（ネガティヴ・ケイパビリティ）について

キーツが弟たちへの手紙の中で一度だけ用いたというこの言葉には現在、精神分析の領域を超えて関心が向けられている。日本では、疑いなく帚木蓬生氏の『ネガティヴ・ケイパビリティ　答えの出ない事態に耐える力』（二〇一七）が関心を呼び覚ましたと言えるだろう。帚木氏の本は、キーツの生涯の振り返りとビオンによる再発見から始めて、医療・創作・教育…と幅広い領域での「ネガティヴ・ケイパビリティ」の価値を語っている。「答えの出ない事態に耐える力」という副題は、この能力の性質をよく表している。

ビオンがこの言葉に出会ったのは、詩に親しむことを通じてと思われる。彼は前線で『金の宝物』を暗唱し、晩年には詩集の編纂を望んでいた。「詩は彼にとって、生涯を通じて非常に大切なものでした。…ですから、彼が名詩選集を編集したいと思っていたことは、驚くことではありません」（フランチェスカ・ビオン「別れの言葉」）。

キーツの表現を巡っては、英文学の領域では、その由来や意義について相当な研究があるようである。「何冊かのKeatsに関する研究書ないし論文に目を通すだけでも、その訳語は『消極能力』、『消極的能力』、『消極的受容能力』、『消極的可能性』、『消極的でいられる能力』、『消極的未発能力』、『消極受容能力』、『否定の力』、『否定的創造力』、『否定的な能力』、『自己否定能力』、『可否定的能力』、『受容能力』、『ネガティヴな受容性』などさまざまである」（藤本周一「John Keats："Negative Capability"の『訳語』をめぐる概念の検証」、大阪経大論集・第五五巻第六号五―一七、二〇〇五年三月）。しかしどの訳語も、一面を強調し過ぎているように感じられる。そしてキーツが表したことを日本語にうまく訳せても、ビオンがこの言葉で指したこととは、必ずしも一致しないかもしれない。「キーツ」でイギリス人が感じる何かは、イギリス詩に馴染みが薄い日本人には分かりにくいだろう。本書では「負の能力」を採用しているが、一読意味が通る言葉ではない。「ネガティヴ・ケイパビリティ」と片仮名にしたとしても同じで、範囲がはっきりしない意味の陰影を含んでいる。ビオン自身の使い方を見よう。

『W・R・ビオン全集』の索引によれば、Negative Capability は十六箇所で登場するという。その大半は、キーツのこの表現に一言触れるか、旧刊行時の索引の一項目か、編者解説の中である。十六個から漏れていたが、発表時の様子をビオンがフランチェスカに書いているので、それを紹介すると…

一九六七年十月三日　ロサンゼルス宛

愛しい人へ

貴女がそちらに行ってから何年も経っているかのように感じ、貴女がいなくてこの場所は少し侘しいです。貴女の旅が快適なものであることを祈っています。私は論文のことを考え気を揉んでおり、これ以上そうしなくてよいことがとてもうれしいです。

水曜日です。その「論文」[1]（もちろん私は読みませんでした）はうまくいきました。最初、私は誰も来ないと思いました――開始五分前には一人か二人しかいませんでした。しかし満席になりました。みんな（三人ほどを除いて）終わってからも残っていましたし、敵意のある態度表明もありませんでした。

……貴女からの手紙が今届きました。私は手紙を受け取ってとても安心しましたし、喜んでいます。貴女はとても疲れていたでしょうに、すぐに私に手紙を書いてくれたのは、なんと優しいことでしょう。私は心なしか第一次世界大戦中に感じたように感じています――私は家に手紙を書くことが耐えられませんでした。家のことを考えられないと感じたからです。しかし当時私はまだ十九歳でしたし、なんらかの言い訳はありました。

［1］「負の能力」、『注意と解釈』第十三章「達成への序曲あるいは達成の代用物」（ロンドン、タヴィストック出版、一九七〇）として出版［全集第六巻］

（圭室元子訳『我が罪を唱えさせよ　天才の別の側面　家族宛書簡』福村出版、近刊）

フランチェスカは彼より先にロサンゼルスに行って、引っ越しの用意をしていた。ビオンは、日々書いては数日分を送っていた。発表前の彼は、気を揉んでいたとのことである。彼が報告している「論文」は、フランチェスカの付けた注にあるように、「負の能力」講演のことである。これを読む限りでは、ビオンは予期したほどには悪くなかったと思っているように見える。既にモーソンが紹介しているが、この「論文」は『注意と解釈』第十三章「達成への序曲あるいは達成の代用物」に重なる。しかしキーツからの引用は共通していても、〈達成の言語〉が説明なく導入され、「頂点の概念の拡張」という難解な話になっている。

講演では、「臨床例をあまり挙げない」と言われているというビオンが、では、と「明日あなたが患者と行なうセッション」を挙げる。それは「まだ起きていないセッション」だから、聞き手はビオンの表現法に慣れていなければ、こうした表現に面食らうだろう。続いて彼が挙げた、手首を引っ掻くあるいは切る動作をする患者は架空の例で、「それについて何も知らない」が故に、どんな意味でもありうるものである。それから彼は、フロイトのルー・アンドレアス＝ザロメ宛書簡を引用する。フロイトが言う「自分自身を人為的に盲目にする」とは、「もっとも薄暗い対象すなわち光の最も微かな欠片が、はっきり見えるようになるほど状況を薄暗くさせること」である。ビオンは、「実際のセッションで私たちを苦しめるのは、知識の欠落や理論の欠落、訓練の欠落ではなく、知識の過多、理論の過多、光の過多だ」と指摘している。言い換えれば、〈記憶〉の過多である。

そしてキーツの手紙からの引用である。「〈負の能力〉…つまり、人が事実と理由を性急に追い求めることなく、不確実さ・謎・疑惑の中に留まることができること」（キーツ）。そうしたことが可能なのは、〈達成の人〉である。ビオンはこの能力を、ほぼ繰り返しだが一部を言い換えて、「人が事実と理由を性急に追い求めることなく、中途半端な真実、不確実性、神秘、疑念に耐える能力」だとしている。彼はそれを、〈記憶〉の未来形としての〈欲望〉の過多と見ている。この能力を発揮してパターンの認識に頼らないことができれば、そこで進展と彼が呼ぶ新たな事態が現れる、と彼は言う。

さて、少し前までのビオンであれば解釈の生まれる場面を、患者の投影を受け止めて理解すること、「包容すること（contain）」、母親の「夢想」に類比していたのではないだろうか。そこでただ排泄の受け皿とならず、情動的・言語的理解にまで至ることを含めると、それはカップルとしての心が意味を生み出すという、一種のポジティブ・ケイパビリティである。その局面で彼がネガティブ・ケイパビリティ、心という容器を空にすることを強調するようになったのは、Ｋへの関心からＯへの関心への移行に一致している。しかしもっと臨床に関連して言うと、「夢想」つまりは普通の発達の範囲で理解しようとしていると、理解が限定されると感じるようになったのではないだろうか。『ブラジル講義』を見てみよう。現代から見れば、精神病的というよりは発達の偏りがある例のようである。

頂点を変更すると、患者は曲を書いたり演奏したりしようとすることに耐えらないほど、或る音符を他のものと識別する能力を有しているのかもしれず、私たちには彼が音楽家として能力不足に見えるかもしれません。しかし、彼が音楽家であることや音楽を聴くことさえできない理由は、彼が大変鋭敏な音楽家だからです。

頂点をまた変更すると、患者が諸々の色（物理学者ならば視覚要素と呼ぶ、光の波長の諸変化の中の差異）を、見えないからではなくて分析者が見られるよりも遥かに多く見えるので、諸々の差異に耐えられないほど識別できるとしましょう。私たちは、こうした頂点を増やすことができます。その人が、特別な才能を有していないためにできないように見える領域には、何の制限もありえません。『ああ、彼は幻覚を見ています』とか『彼女はひどく不穏な状態です』と言うことは、巨視的な視点からは本当かもしれませんが、被分析者ができることを私たちが見たり聞いたり直観できたりするとしたら、本当ではないでしょう。精神分析者たちは、諸々の差異や被分析者の諸困難に、それらが何であるかを認識するのに十分なほど長く、耐えることができなければなりません。精神分析者たちが被分析者の言うことを解釈できるべきならば、自分たちが解釈を知っているという結論に飛びつかずに被分析者の言明に耐える、優れた能力を有していなければなりません。これはキーツが、シェイクスピアは〈負の能力〉に耐えることができたに違いない、と言ったときに意味していたと私が考えるものです。(『W・R・ビオン全集』第七巻四八頁)

(福本修訳『ブラジル講義』「一九七三年　サンパウロ6」誠信書房、近刊)

無能力に見えるものは、実は過剰能力の故であるという、常識の逆転がある。このリセットを行なう下支えが、負の能力＝ネガティヴ・ケイパビリティである。既にサヴァン症候群といった概念はあり、事例と類縁性はありそうに見える。しかしそれはいわば強い光で、「諸々の差異や被分析者の諸困難」を消し飛ばしてしまう。ここでの「頂点(vertex)」は、普通の言い回しでは「観点」で通じるところである。しかしその表現は視覚に結び付いており、いわば〈理解〉——〈記憶〉と〈欲望〉の現在形である——の過多なので、五感のどれと特定しない形により抽象している。こうした拡張自体、一種のネガティヴ・ケイパビリティによるとも言える。同じく『ブラジル講義』から、もう一例見よう。

私は、もしも私がこの患者を聞くなら、もしも私が患者の言おうとすることを聞くと覚悟するならば、もしも患者が私のところに来るならば私が自分に見えるものを見ると覚悟するならば、患者は私が普通の言葉を使っても私が彼に言うことを理解できないかもしれませんが、私が逃げ出しておらず、彼を精神病院に閉じ込めておらず、明日彼に会う手配ができているという事実の意味を、理解することできるかもしれないと信じています。そのどれも言語的に表されてはいませんが、それでも、これまで分析者が部屋にとどまり、おそらく明日も部屋にいるだろうという事実自体が、分析者が理解せず患者が理解していないけれども、二人がともにはっきりさせなければならないであろう言語を構成することがありえます。それが正しいのならば、今日のセッション、明日のセッション、そしてまだ行なわれていない他のあらゆるセッションが、患者に影響を与えるかもしれません。もし分析者が耳を傾け、目を開き、耳を開き、感覚を開き、直観を開く覚悟をしているならば、成長すると思われる被分析者に影響を与えます。セッションは患者の心に、身体的な経験の事柄であれば「良い食べ物」と言えるものを提供します。

分析者はまた、無知――自分自身の――と、自分が神秘、半分の真実［原書四八頁――〈負の能力〉］の場にいることに耐えられなければなりません。このことは、心にとってそれが成長できるような経験をすることを、可能にするように思われます。もしも赤ん坊に、その子が死ぬほど苦しんでいたり狂っていたり愚かだったりするのを怖がることに耐えられる母親がいるならば、その赤ん坊はそのような母親がいることで、気分が改善するようです。もしも母親が耐えられなければ、赤ん坊も耐えられず、結果として赤ん坊は、心が成長できないと思われます。もしも赤ん坊が成長していくならば、それは特異な仕方でそうしなければなりません。そのことは翻って、それを一定の形に成長させる効果があります。後に誰かが、「精神病的」とか「統合失調症的」

とか「境界例」と言うでしょう——それはまるで診断のように聞こえます。(『W・R・ビオン全集』第七巻一二五頁)

この例では、〈負の能力〉に関連した「半分の真実」への言及があるのみだが、注はビオン存命中で、著者に確認済みと思われる。ビオンは、患者に予断を持たずに待つ姿勢を示す精神分析の設定が、ネガティブ・ケイパビリティを発揮しうることを語っている。結局、それは容器の性質だからである。続いて母親への言及がある。母親が赤ん坊の情動の乱流に耐えることは、夢想の一部である。そこで不安や不快に反応してすぐに行動に移さないのが、ネガティブ・ケイパビリティであろう。ただ、母親のすることは受容に限らない(積極的な受容であっても)。赤ん坊にあれやこれやと持ち掛けて、自然と交流の世界に引き入れている。治療では通常、関連性がありうるものでもそうした持ち込みは行なわずに受身性を保つことになっている。だが「夢想」はアメリカに渡って、治療者が自分の経験からの連想を述べるものに変わっていったようである。それは概念受容の問題なのだろうか、それともビオン自身の変化によるものなのだろうか。

「崩壊(ブレイクアップ)、破綻(ブレイクダウン)、突破(ブレイクスルー)」について

この一九七五年の講演は、ブレイク+前置詞のさまざまを軽妙洒脱に扱っているように見える。ビオンは特定の頂点への制止を解放しているようだが、対象の受容に基づいている。

グロットシュタインの「ビオンはどのような分析者だったか」(『強烈な闇の光線』)は、ビオンに言われて印象的だった解釈を大量に紹介している。思い起こされる一つは、このようなものである。

またある時、彼の解釈に続いて私は、「分かります(I understand)」と答えた。ビオンは私の返答に苛立っていたようで、「なぜ『通り越す(overstand)』とか『周辺にいる(circumstand)』とは言わなかったんだ?」と叫んだ。私はまたしても、彼の精神分析についてのメタ理論に無知なことを露呈してしまった。そして、彼がいかに「理解(understanding)」を冷めた目で見ていたかを。同様に、別の解釈の後、私は「私もそう思います」と言った。彼は、「そう、それを恐れていたんだ!」と答えた。[非常にビオン的である]

後期のビオンを理解する(ビオンが、安易に理解するなと言ったばかりだが)には、こうした報告も視野に入れる必要があるだろう(「冷めた目」で?)。

『W・R・ビオン全集』全体を参照して編集したモーソンは本講演に、ビオンの生涯にわたる実存的な苦悩の諸要素を見出している。彼はそれを、「ブレイク(break)」が関わるさまざまな局面から読み解いている。

ビオンに関しては、さらに多くの論者がさまざまなことを論じているが、この先は、読者自身の関心が赴くところにお任せしたい。本書が彼自身に触れるきっかけとなればさいわいである。

最後に、今回の翻訳出版に当たってご尽力いただいた岩崎学術出版社編集部 長谷川純氏に深く感謝申し上げます。

ま行

や行

ら・わ行

た行

な行

は行

さ行

索　引

あ行

か行

訳者略歴

福本修（ふくもと　おさむ）
1958年　横浜生まれ
1982年　東京大学医学部医学科卒業
1990年　静岡大学保健管理センター助教授
1993年　タヴィストック・クリニック成人部門留学
2000年　タヴィストック・クリニック成人精神分析的精神療法課程修了
現　在　国際精神分析協会正会員，日本精神分析協会訓練分析家
専　攻　精神医学・精神分析
現　職　代官山心理・分析オフィス／長谷川病院
著訳書　現代クライン派精神分析の臨床（金剛出版），精神分析の現場へ（誠信書房），発達障害の精神病理Ⅰ（星和書店，共著），発達障害の精神病理Ⅳ―ADHD編（同，共著），ヒンシェルウッド＝クリニカル・クライン（誠信書房，共訳），ビオン＝精神分析の方法Ⅰ（法政大学出版局）・Ⅱ（同，共訳），キノドス＝フロイトを読む（岩崎学術出版社，監訳）

W・R・ビオンの三論文
ISBN978-4-7533-1231-3

訳者
福本　修

2023年10月29日　第1刷発行

印刷　(株)新協　／　製本　(株)若林製本

発行所　(株) 岩崎学術出版社　〒101-0062 東京都千代田区神田駿河台 3-6-1
発行者　杉田 啓三
電話 03 (5577) 6817　FAX 03 (5577) 6837